FABLES

CHOISIES.

TOME QUATRIEME.

FABLES
CHOISIES,
MISES EN VERS
PAR J. DE LA FONTAINE.
TOME QUATRIEME.

A PARIS,

Chez { DESAINT & SAILLANT, rue Saint Jean de Beauvais.
      DURAND, rue du Foin, en entrant par la rue S. Jacques.

M. DCC. LIX.

De l'Imprimerie de CHARLES-ANTOINE JOMBERT.

TABLE
DES FABLES
CONTENUES DANS LE QUATRIEME ET DERNIER VOLUME.

LIVRE DIXIEME.

FABLE I. *Les deux Rats, le Renard & l'Œuf.*	page 1
FABLE II. *L'Homme & la Couleuvre.*	10
FABLE III. *La Tortue & les deux Canards.*	13
FABLE IV. *Les Poissons & le Cormoran.*	15
FABLE V. *L'Enfouisseur & son Compere.*	17
FABLE VI. *Le Loup & les Bergers.*	19
FABLE VII. *L'Araignée & l'Hirondelle.*	22
FABLE VIII. *La Perdrix & les Coqs.*	24
FABLE IX. *Le Chien à qui on a coupé les oreilles.*	26
FABLE X. *Le Berger & le Roi.*	28
FABLE XI. *Les Poissons & le Berger qui joue de la flûte.*	31
FABLE XII. *Les deux Perroquets, le Roi & son fils.*	33
FABLE XIII. *La Lionne & l'Ourse.*	36
FABLE XIV. *Les deux Avanturiers & le Talisman.*	37
FABLE XV. *Les Lapins.*	40
FABLE XVI. *Le Marchand, le Gentilhomme, le Pâtre & le fils de Roi.*	43

LIVRE ONZIEME.

FABLE I. *Le Lion.*	45
FABLE II. *Les Dieux voulant instruire un fils de Jupiter.*	47
FABLE III. *Le Fermier, le Chien & le Renard.*	49
FABLE IV. *Le Songe d'un habitant du Mogol.*	51
FABLE V. *Le Lion, le Singe & les deux Anes.*	54
FABLE VI. *Le Loup & le Renard.*	57
FABLE VII. *Le Paysan du Danube.*	60
FABLE VIII. *Le Vieillard & les trois jeunes hommes.*	63
FABLE IX. *Les Souris & le Chat-huant.*	65
ÉPILOGUE.	67

TABLE DES FABLES.

LIVRE DOUZIEME ET DERNIER.

Epitre à Monseigneur le Duc de Bourgogne.	69
Fable I. Les Compagnons d'Ulysse.	71
Fable II. Le Chat & les deux Moineaux.	75
Fable III. Du Thésaurifeur & du Singe.	77
Fable IV. Les deux Chèvres.	79
A Monseigneur le Duc de Bourgogne.	81
Fable V. Le vieux Chat & la jeune Souris.	82
Fable VI. Le Cerf malade.	84
Fable VII. La Chauve-fouris, le Buisson & le Canard.	85
Fable VIII. La querelle des Chiens & des Chats, & celle des Chats & des Souris.	87
Fable IX. Le Loup & le Renard.	90
Fable X. L'Ecrevisse & sa fille.	94
Fable XI. L'Aigle & la Pie.	96
Fable XII. Le Roi, le Milan & le Chasseur.	97
Fable XIII. Le Renard, les Mouches & le Hérisson.	102
Fable XIV. L'Amour & la Folie.	103
Fable XV. Le Corbeau, la Gazelle, la Tortue & le Rat.	106
Fable XVI. La Forêt & le Bûcheron.	112
Fable XVII. Le Renard, le Loup & le Cheval.	113
Fable XVIII. Le Renard & les Poulets d'Inde.	116
Fable XIX. Le Singe.	118
Fable XX. Le Philosophe Scythe.	119
Fable XXI. L'Elephant & le Singe de Jupiter.	121
Fable XXII. Un Fou & un Sage.	124
Fable XXXIII. Le Renard Anglois.	126
Fable XXIV. Le Soleil & les Grenoüilles.	129
Fable XXV. L'Hymenée & l'Amour.	132
Fable XXVI. La ligue des Rats.	135
Fable XXVII. Daphnis & Alcimadure.	138
Fable XXVIII. Philemon & Baucis.	141
Fable XXIX. Les filles de Minée.	147
Fable XXX. La Matrone d'Ephese.	164
Fable XXXI. Belphégor.	172
Fable XXXII. Le Juge arbitre, l'Hospitalier, & le Solitaire.	182
Explication du Frontispice, & de quelques Vignettes & Culs-de-Lampe.	185

Fin de la Table du Quatrieme et dernier volume.

FABLES

LES DEUX RATS, LE RENARD ET L'OEUF. Fable CLXXXIX.
Discours à M.^de de la Sablière. g.^e Planche.

FABLES CHOISIES.
LIVRE DIXIEME.

FABLE I.

LES DEUX RATS, LE RENARD ET L'ŒUF.

DISCOURS A MADAME DE LA SABLIERE.

Iris, je vous loûrois, il n'est que trop aisé:
Mais vous avez cent fois notre encens refusé;
En cela peu semblable au reste des mortelles,
Qui veulent tous les jours des louanges nouvelles.
Pas une ne s'endort à ce bruit si flatteur.
Je ne les blâme point, je souffre cette humeur;
Elle est commune aux dieux, aux monarques, aux belles.
Ce breuvage vanté par le peuple rimeur,
Le nectar que l'on sert au maître du tonnerre,
Et dont nous enivrons tous les dieux de la terre,
C'est la louange, Iris: vous ne la goûtez point.
D'autres propos chez vous récompensent ce point;
    Propos, agréables commerces,
Où le hasard fournit cent matieres diverses:
    Jusques-là qu'en votre entretien
La bagatelle a part: le monde n'en croit rien.
    Laissons le monde & sa croyance.
    La bagatelle, la science,
Les chimeres, le rien, tout est bon: je soutiens
    Qu'il faut de tout aux entretiens:
    C'est un parterre, où Flore épand ses biens:
Sur différentes fleurs l'Abeille s'y repose,
    Et fait du miel de toute chose.
Ce fondement posé, ne trouvez pas mauvais

Qu'en ces Fables auſſi j'entremêle des traits
      De certaine philoſophie
      Subtile, engageante & hardie.
On l'appelle nouvelle. En avez-vous ou non
      Oüi parler ? Ils diſent donc
      Que la bête eſt une machine;
Qu'en elle tout ſe fait ſans choix & par reſſorts :
Nul ſentiment, point d'ame, en elle tout eſt corps.
      Telle eſt la montre qui chemine,
A pas toujours égaux, aveugle & ſans deſſein.
      Ouvrez-là, liſez dans ſon ſein :
Mainte roue y tient lieu de tout l'eſprit du monde.
      La premiere y meut la ſeconde,
Une troiſieme ſuit, elle ſonne à la fin.
Au dire de ces gens, la bête eſt toute telle :
      L'objet la frappe en un endroit :
      Ce lieu frappé s'en va tout droit,
Selon nous, au voiſin en porter la nouvelle :
Le ſens de proche en proche auſſi-tôt la reçoit.
L'impreſſion ſe fait, mais comment ſe fait-elle ?
      Selon eux, par néceſſité,
      Sans paſſion, ſans volonté.
      L'animal ſe ſent agité
    De mouvemens que le vulgaire appelle
Triſteſſe, joie, amour, plaiſir, douleur cruelle,
      Ou quelqu'autre de ces états :
Mais ce n'eſt point cela ; ne vous y trompez pas.
Qu'eſt-ce donc ? une montre. Et nous ? c'eſt autre choſe.
Voici de la façon que Deſcartes l'expoſe,
Deſcartes, ce mortel dont on eût fait un dieu
      Chez les payens, & qui tient le milieu
Entre l'homme & l'eſprit, comme entre l'huître & l'homme
Le tient tel de nos gens, franche bête de ſomme.
Voici, dis-je, comment raiſonne cet auteur.
Sur tous les animaux, enfans du Créateur,

J'ai le don de penser, & je sçais que je pense.
Or vous sçavez, Iris, de certaine sçience,
  Que quand la bête penseroit,
  La bête ne réfléchiroit
  Sur l'objet, ni sur sa pensée.
Descartes va plus loin, & soutient nettement,
  Qu'elle ne pense nullement.
  Vous n'êtes point embarrassée
De le croire; ni moi. Cependant quand aux bois
  Le bruit des cors, celui des voix
N'a donné nul relâche à la fuyante proie,
  Qu'en vain elle a mis ses efforts
  A confondre & brouiller la voie;
L'animal chargé d'ans, vieux cerf, & de dix cors,
En suppose un plus jeune, & l'oblige par force,
A présenter aux chiens une nouvelle amorce.
Que de raisonnemens pour conserver ses jours!
Le retour sur ses pas, les malices, les tours,
  Et le change, & cent stratagêmes
Dignes des plus grands chefs, dignes d'un meilleur sort!
  On le déchire après sa mort;
  Ce sont tous ses honneurs suprêmes.

  Quand la perdrix
  Voit ses petits
En danger, & n'ayant qu'une plume nouvelle,
Qui ne peut fuir encor par les airs le trépas,
Elle fait la blessée, & va traînant de l'aîle,
Attirant le chasseur, & le chien sur ses pas,
Détourne le danger, sauve ainsi sa famille;
Et puis quand le chasseur croit que son chien la pille,
Elle lui dit adieu, prend sa volée, & rit
De l'homme, qui confus, des yeux en vain la suit.

  Non loin du nord il est un monde,

Où l'on fçait que les habitans
Vivent, ainfi qu'aux premiers temps,
Dans une ignorance profonde:
Je parle des humains: car quant aux animaux,
Ils y conftruifent des travaux,
Qui des torrens groffis arrêtent le ravage,
Et font communiquer l'un & l'autre rivage.
L'édifice réfifte, & dure en fon entier;
Après un lit de bois, eft un lit de mortier:
Chaque caftor agit: commune en eft la tâche:
Le vieux y fait marcher le jeune fans relâche.
Maint maître d'œuvre y court, & tient haut le bâton.
La république de Platon
Ne feroit rien que l'apprentie
De cette famille amphibie.
Ils fçavent en hyver élever leurs maifons,
Paffent les étangs fur des ponts,
Fruit de leur art, fçavant ouvrage;
Et nos pareils ont beau le voir,
Jufqu'à préfent tout leur fçavoir
Eft de paffer l'onde à la nage.

Que ces caftors ne foient qu'un corps vuide d'efprit,
Jamais on ne pourra m'obliger à le croire.
Mais voici beaucoup plus: écoutez ce récit,
Que je tiens d'un roi plein de gloire.
Le défenfeur du nord vous fera mon garant:
Je vais citer un prince aimé de la victoire:
Son nom feul eft un mur à l'empire Ottoman:
C'eft le roi Polonois, jamais un roi ne ment.
Il dit donc que fur fa frontiére
Des animaux entr'eux ont guerre de tout temps:
Le fang qui fe tranfmet des peres aux enfans,
En renouvelle la matiere.
Ces animaux, dit-il, font germains du renard.

LIVRE DIXIEME.

      Jamais la guerre avec tant d'art
      Ne s'eſt faite parmi les hommes,
    Non pas même au fiécle où nous ſommes.
Corps de garde avancé, vedettes, eſpions,
Embuſcades, partis, & mille inventions
D'une pernicieuſe & maudite ſcience,
    Fille du ſtyx & mere des héros,
      Exercent de ces animaux
      Le bon ſens & l'expérience.
Pour chanter leurs combats, l'Acheron nous devroit
      Rendre Homere. Ah, s'il le rendoit,
Et qu'il rendît auſſi le rival d'Épicure!
Que diroit ce dernier ſur ces exemples-ci?
Ce que j'ai déja dit, qu'aux bêtes la nature
Peut par les ſeuls reſſorts opérer tout ceci;
      Que la mémoire eſt corporelle;
Et que, pour en venir aux exemples divers
      Que j'ai mis au jour dans ces vers,
      L'animal n'a beſoin que d'elle.
L'objet, lorſqu'il revient, va dans ſon magaſin
      Chercher par le même chemin
      L'image auparavant tracée,
Qui ſur les mêmes pas revient pareillement,
      Sans le ſecours de la penſée,
      Cauſer un même événement.
      Nous agiſſons tout autrement.
      La volonté nous détermine,
Non l'objet, ni l'inſtinct. Je parle, je chemine:
      Je ſens en moi certain agent:
      Tout obéit dans ma machine
      A ce principe intelligent.
Il eſt diſtinct du corps, ſe conçoit nettement,
      Se conçoit mieux que le corps même;
De tous nos mouvemens c'eſt l'arbitre ſuprême.
      Mais comment le corps l'entend-il?

C'est-là le point: je vois l'outil
Obéir à la main : mais la main, qui la guide?
Eh ! qui guide les cieux, & leur courfe rapide?
Quelque ange eft attaché peut-être à ces grands corps.
Un efprit vit en nous, & meut tous nos refforts :
L'impreffion fe fait; le moyen, je l'ignore.
On ne l'apprend qu'au fein de la Divinité;
Et s'il faut en parler avec fincérité,
  Defcartes l'ignoroit encore.
Nous & lui, là-deffus, nous fommes tous égaux.
Ce que je fçais, Iris, c'eft qu'en ces animaux
  Dont je viens de citer l'exemple,
Cet efprit n'agit pas, l'homme feul eft fon temple.
Auffi faut-il donner à l'animal un point
  Que la plante après tout n'a point.
  Cependant la plante refpire :
Mais que répondra-t-on à ce que je vais dire?

Deux rats cherchoient leur vie, ils trouverent un œuf.
Le dîné fuffifoit à gens de cette efpéce :
Il n'étoit pas befoin qu'ils trouvaffent un bœuf.
  Pleins d'appétit & d'alégreffe,
Ils alloient de leur œuf manger chacun fa part,
Quand un quidam parut. C'étoit maître renard :
  Rencontre incommode & fâcheufe.
Car comment fauver l'œuf? le bien empaqueter,
Puis des pieds de devant enfemble le porter,
  Ou le rouler, ou le traîner,
C'étoit chofe impoffible autant que hazardeufe.
  Néceffité, l'ingénieufe,
  Leur fournit une invention.
Comme ils pouvoient gagner leur habitation,
L'écornifleur étant à demi-quart de lieue,
L'un fe mit fur le dos, prit l'œuf entre fes bras,
Puis, malgré quelques heurts & quelques mauvais pas,

LIVRE DIXIEME. 7

L'autre le traîna par la queue.
Qu'on m'aille foûtenir, après un tel récit,
Que les bêtes n'ont point d'efprit.

Pour moi, fi j'en étois le maître,
Je leur en donnerois auffi-bien qu'aux enfans.
Ceux-ci penfent-ils pas dès leurs plus jeunes ans ?
Quelqu'un peut donc penfer, ne fe pouvant connoître.
Par un exemple tout égal,
J'attribuerois à l'animal,
Non point une raifon, felon notre maniere,
Mais beaucoup plus auffi qu'un aveugle reffort.
Je fubtiliferois un morceau de matiere,
Que l'on ne pourroit plus concevoir fans effort,
Quinteffence d'atome, extrait de la lumiere,
Je ne fçais quoi plus vif, & plus mobile encor
Que le feu : car enfin, fi le bois fait la flamme,
La flamme, en s'épurant, peut-elle pas de l'ame
Nous donner quelque idée, & fort-il pas de l'or
Des entrailles du plomb ? je rendrois mon ouvrage
Capable de fentir, juger, rien davantage,
Et juger imparfaitement,
Sans qu'un finge jamais fît le moindre argument.
A l'égard de nous autres hommes,
Je ferois notre lot infiniment plus fort :
Nous aurions un double tréfor :
L'un, cette ame pareille en tous tant que nous fommes,
Sages, fous, enfans, idiots,
Hôtes de l'univers, fous le nom d'animaux :
L'autre, encore une autre ame, entre nous & les anges
Commune en un certain degré ;
Et ce tréfor à part créé,
Suivroit parmi les airs les céleftes phalanges,
Entreroit dans un point fans en être preffé,
Ne finiroit jamais quoiqu'ayant commencé :

Choses réelles quoiqu'étranges.
Tant que l'enfance dureroit,
Cette fille du ciel en nous ne paroîtroit
Qu'une tendre & foible lumiere :
L'organe étant plus fort, la raison perceroit
Les ténébres de la matiere,
Qui toujours envelopperoit
L'autre ame imparfaite & grossiere.

(*Fable* CLXXXIX.)

FABLE II.

L'HOMME

ET

LA COULEUVRE.

FABLE II.

L'Homme et la Couleuvre.

Un Homme vit une Couleuvre :
Ah ! méchante, dit-il, je m'en vais faire une œuvre
   Agréable à tout l'univers.
   A ces mots, l'animal pervers
  (C'est le Serpent que je veux dire,
Et non l'Homme, on pourroit aisément s'y tromper)
A ces mots, le Serpent se laissant attraper,
Est pris, mis en un sac, & ce qui fut le pire,
On résolut sa mort, fût-il coupable ou non.
Afin de le payer toutefois de raison,
   L'autre lui fit cette harangue.
Symbole des ingrats, être bon aux méchans,
C'est être sot ; meurs donc : ta colere & tes dents
Ne me nuiront jamais. Le Serpent, en sa langue,
Reprit du mieux qu'il put : s'il falloit condamner
   Tous les ingrats qui sont au monde,
   A qui pourroit-on pardonner ?
Toi-même, tu te fais ton procès. Je me fonde
Sur tes propres leçons : jette les yeux sur toi.
Mes jours sont en tes mains, tranche-les : ta justice,
C'est ton utilité, ton plaisir, ton caprice :
   Selon ces loix condamne-moi :
   Mais trouve bon qu'avec franchise
   En mourant au moins je te dise,
   Que le symbole des ingrats
Ce n'est point le Serpent, c'est l'Homme. Ces paroles
Firent arrêter l'autre : il recula d'un pas.
Enfin il repartit : tes raisons sont frivoles :
Je pourrois décider, car ce droit m'appartient :
Mais rapportons-nous-en. Soit fait, dit le Reptile.

L'HOMME ET LA COULEUVRE. Fable CXC.

Une Vache étoit là, l'on l'appelle, elle vient,
Le cas eſt propoſé, c'étoit choſe facile.
Falloit-il pour cela, dit-elle, m'appeller?
La Couleuvre a raiſon, pourquoi diſſimuler?
Je nourris celui-ci depuis longues années:
Il n'a, ſans mes bienfaits, paſſé nulles journées:
Tout n'eſt que pour lui ſeul: mon lait & mes enfans
Le font à la maiſon revenir les mains pleines:
Même j'ai rétabli ſa ſanté que les ans
   Avoient altérée; & mes peines
Ont pour but ſon plaiſir ainſi que ſon beſoin.
Enfin me voilà vieille; il me laiſſe en un coin
Sans herbe: s'il vouloit encor me laiſſer paître!
Mais je ſuis attachée; & ſi j'euſſe eu pour maître
Un Serpent, eût-il ſçu jamais pouſſer ſi loin
L'ingratitude? adieu. J'ai dit ce que je penſe.
L'Homme tout étonné d'une telle ſentence,
Dit au Serpent: faut-il croire ce qu'elle dit?
C'eſt une radoteuſe, elle a perdu l'eſprit.
Croyons ce Bœuf. Croyons, dit la rampante bête.
Ainſi dit, ainſi fait. Le Bœuf vient à pas lents:
Quand il eut ruminé tout le cas en ſa tête,
   Il dit que du labeur des ans
Pour nous ſeuls il portoit les ſoins les plus peſans,
Parcourant, ſans ceſſer, ce long cercle de peines
Qui, revenant ſur ſoi, ramenoit dans nos plaines
Ce que Cérès nous donne, & vend aux animaux:
   Que cette ſuite de travaux
Pour récompenſe avoit, de tous tant que nous ſommes,
Force coups, peu de gré: puis quand il étoit vieux,
On croyoit l'honorer chaque fois que les hommes
Achetoient de ſon ſang l'indulgence des dieux.
Ainſi parla le Bœuf. L'Homme dit: faiſons taire
   Cet ennuyeux déclamateur.
Il cherche de grands mots, & vient ici ſe faire,

Au lieu d'arbitre, accufateur.
Je le recufe auffi. L'Arbre étant pris pour juge,
Ce fut bien pis encor. Il fervoit de refuge,
Contre le chaud, la pluie, & la fureur des vents:
Pour nous feuls il ornoit les jardins & les champs.
L'ombrage n'étoit pas le feul bien qu'il fçût faire:
Il courboit fous les fruits: cependant pour falaire
Un ruftre l'abattoit, c'étoit-là fon loyer,
Quoique, pendant tout l'an, libéral il nous donne
Ou des fleurs au printemps, ou du fruit en automne;
L'ombre, l'été; l'hyver, les plaifirs du foyer.
Que ne l'émondoit-on fans prendre la coignée?
De fon tempérament il eût encore vécu.
L'Homme trouvant mauvais que l'on l'eût convaincu,
Voulut à toute force avoir caufe gagnée.
Je fuis bien bon, dit-il, d'écouter ces gens-là.
Du fac & du Serpent auffi-tôt il donna
  Contre les murs, tant qu'il tua la bête.

  On en ufe ainfi chez les grands.
La raifon les offenfe: ils fe mettent en tête
Que tout eft né pour eux, quadrupédes & gens,
    Et Serpens.
  Si quelqu'un defferre les dents,
C'eft un fot. J'en conviens. Mais que faut-il donc faire?
  Parler de loin; ou bien fe taire.

(*Fable cxc.*)

FABLE III.

LA TORTUE ET LES DEUX CANARDS.

Une Tortue étoit, à la tête légere,
Qui lasse de son trou voulut voir le pays.
Volontiers on fait cas d'une terre étrangere :
Volontiers gens boiteux haïssent le logis.
  Deux Canards à qui la commere
  Communiqua ce beau dessein,
Lui dirent qu'ils avoient de quoi la satisfaire :
  Voyez-vous ce large chemin ?
Nous vous voiturerons par l'air en Amérique.
  Vous verrez mainte république,
Maint royaume, maint peuple ; & vous profiterez
Des différentes mœurs que vous remarquerez.
Ulysse en fit autant. On ne s'attendoit guère
  De voir Ulysse en cette affaire.
La Tortue écouta la proposition.
Marché fait, les oiseaux forgent une machine,
  Pour transporter la pélerine.
Dans la gueule en travers on lui passe un bâton :
Serrez bien, dirent-ils : gardez de lâcher prise :
Puis chaque Canard prend ce bâton par un bout.
La Tortue enlevée, on s'étonne partout
  De voir aller, en cette guise,
  L'animal lent & sa maison,
Justement au milieu de l'un & l'autre Oison.
Miracle, crioit-on : venez voir dans les nues
  Passer la reine des Tortues.
La reine ! vraiment oui ; je la suis en effet :
Ne vous en moquez point. Elle eût beaucoup mieux fait
De passer son chemin sans dire aucune chose ;
Car lâchant le bâton en desserrant les dents,

Elle tombe, elle créve aux pieds des regardans.
Son indiscrétion de sa perte fut cause.

Imprudence, babil, & sotte vanité,
  Et vaine curiosité,
  Ont ensemble étroit parentage:
  Ce sont enfans tous d'un lignage.

(*Fable* cxci.)

LES POISSONS ET LE CORMORAN. Fable CXCII.

FABLE IV.

LES POISSONS ET LE CORMORAN.

Il n'étoit point d'étang dans tout le voisinage
Qu'un Cormoran n'eût mis à contribution.
Viviers & réservoirs lui payoient pension :
Sa cuisine alloit bien : mais lorsque le long âge
  Eut glacé le pauvre animal,
  La même cuisine alla mal.
Tout Cormoran se sert de pourvoyeur lui-même.
Le nôtre un peu trop vieux pour voir au fond des eaux,
  N'ayant ni filets, ni réseaux,
  Souffroit une disette extrême.
Que fit-il ? le besoin, docteur en stratagême,
Lui fournit celui-ci. Sur le bord d'un étang
  Cormoran vit une écrevisse.
Ma commere, dit-il, allez tout à l'instant
  Porter un avis important
  A ce peuple ; il faut qu'il périsse :
Le maître de ce lieu dans huit jours pêchera.
  L'Écrevisse en hâte s'en va
  Conter le cas : grande est l'émûte.
  On court, on s'assemble, on députe
  A l'Oiseau. Seigneur Cormoran,
D'où vous vient cet avis ? quel est votre garant ?
  Êtes-vous sûr de cette affaire ?
N'y sçavez-vous remede ? & qu'est-il bon de faire ?
Changer de lieu, dit-il. Comment le ferons-nous ?
N'en soyez point en soin : je vous porterai tous
  L'un après l'autre en ma retraite.
Nul, que Dieu seul & moi, n'en connoît les chemins :
  Il n'est demeure plus secrette.
Un vivier que nature y creusa de ses mains,

Inconnu des traîtres humains,
Sauvera votre république.
On le crut. Le peuple aquatique,
L'un après l'autre, fut porté
Sous ce rocher peu fréquenté.
Là, Cormoran le bon apôtre,
Les ayant mis en un endroit
Tranfparent, peu creux, fort étroit,
Vous les prenoit fans peine, un jour l'un, un jour l'autre.
Il leur apprit à leurs dépens,
Que l'on ne doit jamais avoir de confiance
En ceux qui font mangeurs de gens.
Ils y perdirent peu; puifque l'humaine engeance
En auroit auffi-bien croqué fa bonne part.
Qu'importe qui vous mange? homme ou loup, toute panfe
Me paroît une à cet égard:
Un jour pluftôt, un jour plus tard,
Ce n'eft pas grande différence.

(*Fable CXCII.*)

L'ENFOUISSEUR ET SON COMPERE. Fable CXCIII.

FABLE V.

L'ENFOUISSEUR ET SON COMPERE.

Un pince-maille avoit tant amaſſé,
 Qu'il ne ſçavoit où loger ſa finance.
L'avarice, compagne & ſœur de l'ignorance,
  Le rendoit fort embarraſſé
  Dans le choix d'un dépoſitaire :
Car il en vouloit un ; & voici ſa raiſon.
L'objet tente : il faudra que ce monceau s'altére,
  Si je le laiſſe à la maiſon :
Moi-même, de mon bien je ferai le larron.
Le larron ? quoi joüir, c'eſt ſe voler ſoi-même !
Mon ami, j'ai pitié de ton erreur extrême.
  Apprens de moi cette leçon :
Le bien, n'eſt bien qu'en tant que l'on s'en peut défaire.
Sans cela, c'eſt un mal. Veux-tu le réſerver
Pour un âge & des temps qui n'en ont plus que faire ?
La peine d'acquérir, le ſoin de conſerver,
Otent le prix à l'or qu'on croit ſi néceſſaire.
  Pour ſe décharger d'un tel ſoin,
Notre homme eût pu trouver des gens ſûrs au beſoin.
Il aima mieux la terre, & prenant ſon Compere,
Celui-ci l'aide ; ils vont enfoüir le tréſor.
Au bout de quelque temps l'homme va voir ſon or :
  Il ne retrouva que le gîte.
Soupçonnant à bon droit le Compere, il va vîte
Lui dire : apprêtez-vous ; car il me reſte encor
Quelques deniers : je veux les joindre à l'autre maſſe.
Le Compere auſſi-tôt va remettre en ſa place
  L'argent volé, prétendant bien
Tout reprendre à la fois, ſans qu'il y manquât rien.
  Mais pour ce coup l'autre fut ſage :

Il retint tout chez lui, réfolu de jouïr,
    Plus n'entaffer, plus n'enfouïr;
Et le pauvre voleur ne trouvant plus fon gage,
    Penfa tomber de fa hauteur.

Il n'eft pas mal aifé de tromper un trompeur.

(*Fable* CXCIII.)

LE LOUP ET LES BERGERS. Fable CXCIV.

FABLE VI.

Le Loup et les Bergers.

Un Loup rempli d'humanité,
(S'il en est de tels dans le monde)
Fit un jour sur sa cruauté,
Quoiqu'il ne l'exerçât que par nécessité,
Une réflexion profonde.
Je suis haï, dit-il, & de qui? de chacun.
Le Loup est l'ennemi commun:
Chiens, chasseurs, villageois s'assemblent pour sa perte.
Jupiter est là-haut étourdi de leurs cris:
C'est par-là que de Loups l'Angleterre est déserte:
On y mit notre tête à prix.
Il n'est hobereau qui ne fasse
Contre nous tels bans publier:
Il n'est marmot osant crier,
Que du Loup aussi-tôt sa mere ne menace.
Le tout pour un âne rogneux,
Pour un mouton pourri, pour quelque chien hargneux
Dont j'aurai passé mon envie.
Et bien, ne mangeons plus de chose ayant eu vie,
Paissons l'herbe, broutons, mourons de faim plustôt.
Est-ce une chose si cruelle?
Vaut-il mieux s'attirer la haine universelle?
Disant ces mots, il vit des Bergers, pour leur rôt,
Mangeans un agneau cuit en broche.
Oh! oh! dit-il, je me reproche
Le sang de cette gent: voilà ses gardiens
S'en repaissans, eux & leurs chiens;
Et moi Loup, j'en ferai scrupule?
Non, par tous les Dieux, non: je serois ridicule.
Thibaut l'agnelet passera,

Sans qu'à la broche je le mette;
Et non-feulement lui, mais la mere qu'il tette,
Et le pere qui l'engendra.
Le Loup avoit raifon. Eft-il dit qu'on nous voie
Faire feftin de toute proie,
Manger les animaux; & nous les réduirons
Aux mets de l'âge d'or, autant que nous pourrons?
Ils n'auront ni croc, ni marmite?
Bergers, Bergers, le Loup n'a tort
Que quand il n'eft pas le plus fort:
Voulez-vous qu'il vive en hermite?

(*Fable* CXCIV.)

FABLE VII.
L'ARAIGNÉE
ET
L'HIRONDELLE.

FABLE VII.

L'Araignée et l'Hirondelle.

O Jupiter, qui fçus de ton cerveau,
Par un fecret d'accouchement nouveau,
Tirer Pallas, jadis mon ennemie,
Entens ma plainte une fois en ta vie.
Progné me vient enlever les morceaux :
Caracolant, frifant l'air & les eaux,
Elle me prend mes mouches à ma porte :
Miennes je puis les dire ; & mon rézeau
En feroit plein fans ce maudit oifeau :
Je l'ai tiffu de matiere affez forte.
 Ainfi, d'un difcours infolent,
Se plaignoit l'Araignée autrefois tapiffiére,
 Et qui lors étant filandiére,
Prétendoit enlacer tout infecte volant.
La Sœur de Philomele, attentive à fa proie,
Malgré le beftion happoit mouches dans l'air,
Pour fes petits, pour elle, impitoyable joie,
Que fes enfans gloutons, d'un bec toujours ouvert,
D'un ton demi-formé, bégayante couvée,
Demandoient par des cris encor mal entendus.
 La pauvre Aragne n'ayant plus
Que la tête & les pieds, artifans fuperflus,
 Se vit elle-même enlevée.
L'Hirondelle en paffant emporta toile & tout,
 Et l'animal pendant au bout.

Jupin pour chaque état mit deux tables au monde.
L'adroit, le vigilant, & le fort font affis
 A la premiere ; & les petits
 Mangent leur refte à la feconde.

(Fable cxcv.)

L'ARAIGNEE ET L'HIRONDELLE. Fable CXCV.

FABLE VIII.
LA PERDRIX
ET
LES COQS.

FABLE VIII.
La Perdrix et les Coqs.

Parmi de certains Coqs incivils, peu galans,
  Toujours en noise & turbulens,
  Une Perdrix étoit nourrie.
  Son sexe & l'hospitalité,
De la part de ces Coqs, peuple à l'amour porté,
Lui faisoient espérer beaucoup d'honnêteté:
Ils feroient les honneurs de la ménagerie.
Ce peuple cependant fort souvent en furie,
Pour la dame étrangere ayant peu de respect,
Lui donnoit fort souvent d'horribles coups de bec.
  D'abord elle en fut affligée:
Mais si-tôt qu'elle eut vû cette troupe enragée
S'entrebattre elle-même, & se percer les flancs,
Elle se consola. Ce sont leurs mœurs, dit-elle:
Ne les accusons point: plaignons pluftôt ces gens.
  Jupiter sur un seul modelle
  N'a pas formé tous les esprits.
Il est des naturels de Coqs & de Perdrix.
S'il dépendoit de moi, je passerois ma vie
  En plus honnête compagnie.
Le maître de ces lieux en ordonne autrement.
  Il nous prend avec des tonnelles,
Nous loge avec des Coqs, & nous coupe les aîles:
C'est de l'homme qu'il faut se plaindre seulement.

(*Fable* CXCVI.)

LA PERDRIX ET LES COQS. Fable CXCVI.

LA PERDRIX. Fable CLXXXIX.
Discours à M.e de la Sablière. I.re Planche.

FABLE IX.
LE CHIEN
À QUI ON A COUPÉ
LES OREILLES.

Tome IV.   G

FABLE IX.

LE CHIEN A QUI ON A COUPÉ LES OREILLES.

Qu'ai-je fait pour me voir ainfi
Mutilé par mon propre maître?
Le bel état où me voici!
Devant les autres Chiens oferai-je paroître?
O rois des animaux, ou pluftôt leurs tyrans!
Qui vous feroit chofes pareilles?
Ainfi crioit Moufflar jeune dogue; & les gens
Peu touchés de fes cris douloureux & perçans,
Venoient de lui couper fans pitié les oreilles.
Moufflar y croyoit perdre. Il vit avec le temps
Qu'il y gagnoit beaucoup: car étant de nature
A piller fes pareils, mainte méfaventure
L'auroit fait retourner chez lui
Avec cette partie en cent lieux altérée:
Chien hargneux a toujours l'oreille déchirée.

Le moins qu'on peut laiffer de prife aux dents d'autrui
C'eft le mieux. Quand on n'a qu'un endroit à défendre,
On le munit de peur d'efclandre:
Témoin maître Moufflar armé d'un gorgerin,
Du refte ayant d'oreille autant que fur ma main:
Un loup n'eût fçû par où le prendre.

(*Fable* CXCVII.)

LE CHIEN À QUI ON A COUPÉ LES OREILLES. Fable CXCVII.

FABLE X.
LE BERGER
ET
LE ROI.

FABLE X.

LE BERGER ET LE ROI.

Deux démons, à leur gré partagent notre vie,
Et de son patrimoine ont chassé la raison.
Je ne vois point de cœurs qui ne leur sacrifie.
Si vous me demandez leur état & leur nom,
J'appelle l'un, amour; & l'autre, ambition.
Cette derniere étend le plus loin son empire:
   Car même elle entre dans l'amour.
Je le ferois bien voir: mais mon but est de dire
Comme un Roi fit venir un Berger à sa cour.
Le conte est du bon temps, non du siécle où nous sommes.
Ce Roi vit un troupeau qui couvroit tous les champs,
Bien broutant, en bon corps, rapportant tous les ans,
Grace aux soins du Berger, de très-notables sommes.
Le Berger plut au Roi par ses soins diligens.
Tu mérites, dit-il, d'être pasteur de gens:
Laisse-là tes moutons, viens conduire des hommes.
   Je te fais juge souverain.
Voilà notre Berger la balance à la main.
Quoiqu'il n'eût guére vû d'autres gens qu'un hermite,
Son troupeau, ses mâtins, le loup, & puis c'est tout,
Il avoit du bon sens: le reste vient ensuite:
   Bref il en vint fort bien à bout.
L'hermite son voisin accourut pour lui dire:
Veillai-je, n'est-ce point un songe que je vois?
Vous favori! vous grand! défiez-vous des rois:
Leur faveur est glissante, on s'y trompe; & le pire,
C'est qu'il en coûte cher: de pareilles erreurs
Ne produisent jamais que d'illustres malheurs.
Vous ne connoissez pas l'attrait qui vous engage.
Je vous parle en ami. Craignez tout. L'autre rit;

LE BERGER ET LE ROY. Fable CXCVIII.

LE BERGER ET LE ROY. Fable CXCVIII. 2.e Planche.

LIVRE DIXIEME.

  Et notre hermite pourſuivit:
Voyez combien déja la cour vous rend peu ſage.
Je crois voir cet aveugle, à qui dans un voyage
  Un ſerpent engourdi de froid,
Vint s'offrir ſous la main : il le prit pour un fouet.
Le ſien s'étoit perdu tombant de ſa ceinture.
Il rendoit grace au ciel de l'heureuſe aventure,
Quand un paſſant cria : que tenez-vous ? ô dieux !
Jettez cet animal traître & pernicieux,
Ce ſerpent. C'eſt un fouet. C'eſt un ſerpent, vous dis-je :
A me tant tourmenter quel intérêt m'oblige ?
Prétendez-vous garder ce tréſor ? Pourquoi non ?
Mon fouet étoit uſé, j'en retrouve un fort bon:
  Vous n'en parlez que par envie.
  L'aveugle enfin ne le crut pas,
   Il en perdit bientôt la vie:
L'animal dégourdi piqua ſon homme au bras.
   Quant à vous, j'oſe vous prédire
Qu'il vous arrivera quelque choſe de pire.
Eh, que me ſçauroit-il arriver que la mort ?
Mille dégoûts viendront, dit le prophéte hermite.
Il en vint en effet : l'hermite n'eut pas tort.
Mainte peſte de cour fit tant par maint reſſort,
Que la candeur du juge, ainſi que ſon mérite,
Furent ſuſpects au prince. On cabale, on ſuſcite
Accuſateurs & gens grevés par ſes arrêts.
De nos biens, dirent-ils, il s'eſt fait un palais.
Le Prince voulut voir ſes richeſſes immenſes,
Il ne trouva par-tout que médiocrité,
Louanges du déſert & de la pauvreté :
  C'étoient-là ſes magnificences.
Son fait, dit-on, conſiſte en des pierres de prix:
Un grand coffre en eſt plein, fermé de dix ſerrures.
Lui-même ouvrit ce coffre, & rendit bien ſurpris
  Tous les machineurs d'impoſtures.

Le coffre étant ouvert, on y vit des lambeaux,
L'habit d'un gardeur de troupeaux,
Petit chapeau, jupon, panetiere, houlette,
Et, je penfe, auffi fa mufette.
Doux tréfors! ce dit-il, chers gages, qui jamais
N'attirâtes fur vous l'envie & le menfonge,
Je vous reprens: fortons de ces riches palais
Comme l'on fortiroit d'un fonge.
Sire, pardonnez-moi cette exclamation.
J'avois prévû ma chûte en montant fur le faîte.
Je m'y fuis trop complû: mais qui n'a dans la tête
Un petit grain d'ambition?

(*Fable* CXCVIII.)

LES POISSONS ET LE BERGER QUI JOUE DE LA FLUTE. Fable CXCIX.

FABLE XI.

Les Poissons et le Berger qui joue de la flûte.

Tircis, qui pour la feule Annette
Faifoit réfonner les accords
D'une voix & d'une mufette
Capables de toucher les morts,
Chantoit un jour le long des bords
D'une onde arrofant des prairies,
Dont Zéphire habitoit les campagnes fleuries.
Annette cependant à la ligne pêchoit :
Mais nul poiffon ne s'approchoit.
La Bergere perdoit fes peines.
Le Berger qui, par fes chanfons,
Eût attiré des inhumaines,
Crut, & crut mal, attirer des poiffons.
Il leur chanta ceci : citoyens de cette onde,
Laiffez votre nayade en fa grotte profonde ;
Venez voir un objet mille fois plus charmant.
Ne craignez point d'entrer aux prifons de la belle :
Ce n'eft qu'à nous qu'elle eft cruelle :
Vous ferez traités doucement ;
On n'en veut point à votre vie.
Un vivier vous attend, plus clair que fin cryftal.
Et quand à quelques-uns l'appât feroit fatal,
Mourir des mains d'Annette eft un fort que j'envie.
Ce difcours éloquent ne fit pas grand effet :
L'auditoire étoit fourd auffi-bien que muet.
Tircis eut beau prêcher : ces paroles miellées
S'en étant au vent envolées,
Il tendit un long rets. Voilà les poiffons pris :
Voilà les poiffons mis aux pieds de la Bergere.

O vous! pasteurs d'humains & non pas de brebis,
Rois, qui croyez gagner par raison les esprits
  D'une multitude étrangere,
Ce n'est jamais par-là que l'on en vient à bout;
  Il y faut une autre maniere:
Servez-vous de vos rets, la puissance fait tout.

(*Fable* CXCIX.)

LES DEUX PERROQUETS, LE ROY ET SON FILS. Fable CC.

FABLE XII.

LES DEUX PERROQUETS, LE ROI ET SON FILS.

Deux Perroquets, l'un pere & l'autre fils,
Du rôt d'un roi faifoient leur ordinaire.
Deux demi-Dieux, l'un fils & l'autre pere,
De ces oifeaux faifoient leurs favoris.
L'âge lioit une amitié fincere
Entre ces gens. Les deux peres s'aimoient:
Les deux enfans, malgré leur cœur frivole,
L'un avec l'autre auffi s'accoûtumoient,
Nourris enfemble & compagnons d'école.
C'étoit beaucoup d'honneur au jeune Perroquet,
Car l'Enfant étoit prince, & fon Pere monarque.
Par le tempérament que lui donna la parque,
Il aimoit les oifeaux. Un moineau fort coquet,
Et le plus amoureux de toute la province,
Faifoit auffi fa part des délices du prince.
Ces deux rivaux un jour enfemble fe jouans,
    Comme il arrive aux jeunes gens,
    Le jeu devint une querelle.
    Le paffereau, peu circonfpect,
    S'attira de tels coups de bec,
    Que demi-mort & traînant l'aîle,
    On crut qu'il n'en pourroit guérir.
    Le prince indigné fit mourir
Son Perroquet. Le bruit en vint au pere.
L'infortuné vieillard crie & fe défefpere;
    Le tout en vain: fes cris font fuperflus:
    L'oifeau parleur eft déja dans la barque:
    Pour dire mieux, l'oifeau ne parlant plus,
    Fait qu'en fureur fur le fils du monarque,
Son pere s'en va fondre & lui créve les yeux.

Il se sauve aussi-tôt, & choisit pour asyle
  Le haut d'un pin. Là, dans le sein des dieux,
Il goûte sa vengeance en lieu sûr & tranquille :
Le Roi lui-même y court, & dit pour l'attirer :
Ami, reviens chez moi : que nous sert de pleurer ?
Haine, vengeance & deuil, laissons tout à la porte.
  Je suis contraint de déclarer,
  Encor que ma douleur soit forte,
Que le tort vient de nous : mon fils fut l'agresseur.
Mon fils ! non : c'est le sort qui du coup est l'auteur.
La parque avoit écrit de tout temps en son livre,
Que l'un de nos enfans devoit cesser de vivre,
  L'autre de voir, par ce malheur.
Consolons-nous tous deux, & reviens dans ta cage.
  Le Perroquet dit : sire Roi,
  Crois-tu qu'après un tel outrage
  Je me doive fier à toi ?
Tu m'allegues le sort : prétens-tu par ta foi
Me leurrer de l'appât d'un profane langage ?
Mais que la Providence, ou bien que le destin
  Régle les affaires du monde,
Il est écrit là-haut qu'au faîte de ce pin,
  Ou dans quelque forêt profonde,
J'acheverai mes jours loin du fatal objet
  Qui doit t'être un juste sujet
De haine & de fureur. Je sçais que la vengeance
Est un morceau de roi, car vous vivez en dieux.
  Tu veux oublier cette offense :
Je le crois : cependant, il me faut, pour le mieux,
  Éviter ta main & tes yeux.
Sire Roi, mon ami, va-t'en, tu perds ta peine,
  Ne me parle point de retour :
L'absence est aussi-bien un reméde à la haine,
  Qu'un appareil contre l'amour.

(Fable cc.)

LIVRE DIXIEME.

FABLE XIII.
LA LIONNE
ET
L'OURS.

FABLE XIII.

LA LIONNE ET L'OURS.

Mere Lionne avoit perdu son fan :
Un chasseur l'avoit pris. La pauvre infortunée
    Poussoit un tel rugissement,
Que toute la forêt étoit importunée.
    La nuit, ni son obscurité,
    Son silence & ses autres charmes,
De la Reine des bois n'arrêtoit les vacarmes.
Nul animal n'étoit du sommeil visité.
    L'Ours enfin lui dit : ma commere,
    Un mot sans plus : tous les enfans
    Qui sont passés entre vos dents,
    N'avoient-ils ni pere ni mere ?
    Ils en avoient. S'il est ainsi,
Et qu'aucun de leur mort n'ait nos têtes rompues,
    Si tant de meres se sont tues,
    Que ne vous taisez-vous aussi ?
    Moi me taire ? moi malheureuse !
Ah, j'ai perdu mon fils ! il me faudra traîner
    Une vieillesse douloureuse.
Dites-moi, qui vous force à vous y condamner ?
Hélas ! c'est le destin qui me hait. Ces paroles
Ont été de tout temps en la bouche de tous.

Misérables humains, ceci s'adresse à vous.
Je n'entens résonner que des plaintes frivoles.
Quiconque, en pareil cas, se croit haï des cieux,
Qu'il considere Hécube, il rendra grace aux dieux.

                                      (*Fable* CCI.)

LA LIONNE ET L'OURS. Fable CCI.

LES DEUX AVANTURIERS ET LE TALISMAN. Fable CCII.

LES DEUX AVANTURIERS ET LE TALISMAN. Fable CCII. 2.e planche.

FABLE XIV.

Les deux Aventuriers et le Talisman.

Aucun chemin de fleurs ne conduit à la gloire.
Je n'en veux pour témoin, qu'Hercule & ses travaux.
   Ce dieu n'a guére de rivaux:
J'en vois peu dans la fable, encor moins dans l'histoire.
En voici pourtant un, que de vieux Talismans
Firent chercher fortune au pays des romans.
   Il voyageoit de compagnie :
Son camarade & lui trouverent un poteau,
   Ayant au haut cet écriteau :
Seigneur Aventurier, s'il te prend quelque envie
De voir ce que n'a vû nul Chevalier errant,
   Tu n'as qu'à passer ce torrent,
Puis prenant dans tes bras un éléphant de pierre,
   Que tu verras couché par terre,
Le porter d'une haleine au sommet de ce mont
Qui menace les cieux de son superbe front.
L'un des deux Chevaliers saigna du nez. Si l'onde
   Est rapide autant que profonde,
Dit-il, & supposé qu'on la puisse passer,
Pourquoi de l'éléphant s'aller embarrasser ?
   Quelle ridicule entreprise !
Le sage l'aura fait par tel art & de guise,
Qu'on le pourra porter peut-être quatre pas :
Mais jusqu'au haut du mont, d'une haleine, il n'est pas
Au pouvoir d'un mortel, à moins que la figure
Ne soit d'un éléphant nain, pigmée, avorton,
   Propre à mettre au bout d'un bâton :
Auquel cas, où l'honneur d'une telle aventure ?
On nous veut attraper dedans cette écriture :
Ce sera quelque énigme à tromper un enfant.

C'est pourquoi je vous laisse avec votre éléphant.
Le Raisonneur parti, l'Aventurier se lance,
　　　Les yeux clos, à travers cette eau.
　　　Ni profondeur ni violence
Ne purent l'arrêter; & selon l'écriteau,
Il vit son éléphant couché sur l'autre rive.
Il le prend, il l'emporte, au haut du mont arrive,
Rencontre une esplanade, & puis une cité.
Un cri par l'éléphant aussi-tôt est jetté.
　　　Le peuple aussi-tôt sort en armes.
Tout autre Aventurier, au bruit de ces alarmes,
Auroit fui. Celui-ci, loin de tourner le dos,
Veut vendre au moins sa vie, & mourir en héros.
Il fut tout étonné d'oüir cette cohorte
Le proclamer monarque au lieu de son roi mort.
Il ne se fit prier que de la bonne sorte,
Encor que le fardeau fût, dit-il, un peu fort.
Sixte en disoit autant quand on le fit saint pere,
　　　(Seroit-ce bien une misere
　　　Que d'être pape, ou d'être roi ?)
On reconnut bientôt son peu de bonne foi.

Fortune aveugle suit aveugle hardiesse.
Le sage quelquefois fait bien d'exécuter,
Avant que de donner le temps à la sagesse
D'envisager le fait, & sans la consulter.

(*Fable CCII.*)

FABLE XV.
LES LAPINS.

FABLE XV.

Les Lapins.

Discours a M. le Duc de la Rochefoucault.

Je me suis souvent dit, voyant de quelle sorte
   L'homme agit, & qu'il se comporte
En mille occasions comme les animaux :
Le roi de ces gens-là n'a pas moins de défauts
   Que ses sujets ; & la nature
   A mis dans chaque créature
Quelque grain d'une masse où puisent les esprits ;
J'entens les esprits corps, & pêtris de matiere.
   Je vais prouver ce que je dis.

A l'heure de l'affût, soit lorsque la lumiere
Précipite ses traits dans l'humide séjour,
Soit lorsque le soleil rentre dans sa carriere,
Et que n'étant plus nuit, il n'est pas encor jour,
Au bord de quelque bois sur un arbre je grimpe ;
Et, nouveau Jupiter, du haut de cet olympe,
   Je foudroie à discrétion
   Un Lapin qui n'y pensoit guére.
Je vois fuir aussi-tôt toute la nation
   Des Lapins, qui sur la bruyere,
   L'œil éveillé, l'oreille au guet,
S'égayoient, & de thym parfumoient leur banquet.
   Le bruit du coup fait que la bande
   S'en va chercher sa sûreté
   Dans la soûterreine cité :
Mais le danger s'oublie ; & cette peur si grande
S'évanouit bientôt. Je revois les Lapins
Plus gais qu'auparavant revenir sous mes mains.

LES LAPINS. Fable CCIII.
Discours à M.^r le Duc de la Rochefoucault.

Ne reconnoît-on pas en cela les humains ?
   Dispersés par quelque orage,
   A peine ils touchent le port,
   Qu'ils vont hazarder encor
   Même vent, même naufrage.
   Vrais Lapins, on les revoit
   Sous les mains de la fortune.
Joignons à cet exemple une chose commune.

Quand des chiens étrangers passent par quelque endroit
   Qui n'est pas de leur détroit,
  Je laisse à penser quelle fête !
  Les chiens du lieu n'ayant en tête
Qu'un intérêt de gueule, à cris, à coups de dents
   Vous accompagnent ces passans
   Jusqu'aux confins du territoire.
Un intérêt de biens, de grandeur & de gloire
Aux gouverneurs d'états, à certains courtisans,
A gens de tous métiers, en fait tout autant faire.
   On nous voit tous, pour l'ordinaire,
Piller le survenant, nous jetter sur sa peau.
La coquette & l'auteur font de ce caractere :
   Malheur à l'écrivain nouveau !
Le moins de gens qu'on peut à l'entour du gâteau,
  C'est le droit du jeu, c'est l'affaire.
Cent exemples pourroient appuyer mon discours.
   Mais les ouvrages les plus courts
Sont toujours les meilleurs. En cela j'ai pour guide
Tous les maîtres de l'art, & tiens qu'il faut laisser
Dans les plus beaux sujets quelque chose à penser :
   Ainsi ce discours doit cesser.

Vous, qui m'avez donné ce qu'il a de solide,
Et dont la modestie égale la grandeur,
Qui ne pûtes jamais écouter sans pudeur

La louange la plus permise,
La plus juste & la mieux acquise;
Vous enfin, dont à peine ai-je encore obtenu
Que votre nom reçût ici quelques hommages,
Du temps & des censeurs défendant mes ouvrages,
Comme un nom qui des ans & des peuples connu,
Fait honneur à la France, en grands noms plus féconde
Qu'aucun climat de l'univers;
Permettez-moi du moins d'apprendre à tout le monde,
Que vous m'avez donné le sujet de ces vers.

(Fable CCIII.)

LE MARCHAND, LE GENTILHOMME, LE PATRE ET LE FILS DE ROY. Fab. CCIV.

FABLE XVI.

Le Marchand, le Gentilhomme, le Pâtre et le Fils de Roi.

Quatre chercheurs de nouveaux mondes,
Presque nuds, échappés à la fureur des ondes,
Un Trafiquant, un Noble, un Pâtre, un Fils de Roi,
    Réduits au sort de * Belisaire,
    Demandoient aux passans de quoi
    Pouvoir soulager leur misere.
De raconter quel sort les avoit assemblés,
Quoique sous divers points tous quatre ils fussent nés,
    C'est un récit de longue haleine.
Ils s'assirent enfin au bord d'une fontaine.
Là, le conseil se tint entre les pauvres gens.
Le Prince s'étendit sur le malheur des grands.
Le Pâtre fut d'avis, qu'éloignant la pensée
    De leur aventure passée,
Chacun fît de son mieux, & s'appliquât au soin
    De pourvoir au commun besoin.
La plainte ajouta-t-il, guérit-elle son homme?
Travaillons: c'est de quoi nous mener jusqu'à Rome.
Un Pâtre ainsi parler! ainsi parler? croit-on
Que le ciel n'ait donné qu'aux têtes couronnées
    De l'esprit & de la raison;
Et que de tout berger comme de tout mouton,
    Les connoissances soient bornées?
L'avis de celui-ci fut d'abord trouvé bon
Par les trois échoués au bord de l'Amérique.
L'un, c'étoit le Marchand, sçavoit l'arithmétique:
A tant par mois, dit-il, j'en donnerai leçon.

---

* Belisaire étoit un grand capitaine, qui ayant commandé les armées de l'empereur *Justinien*, & perdu les bonnes graces de son maître, tomba dans un tel point de misere, qu'il demandoit l'aumône sur les grands chemins.

J'enfeignerai la politique,
Reprit le Fils de Roi. Le Noble pourfuivit,
Moi, je fçai le blafon, j'en veux tenir école :
Comme fi devers l'Inde on eût eu dans l'efprit
La fotte vanité de ce jargon frivole.
Le Pâtre dit : amis, vous parlez bien : mais quoi ?
Le mois a trente jours, jufqu'à cette échéance
  Jeûnerons-nous par votre foi ?
  Vous me donnez une efpérance
Belle, mais éloignée ; & cependant j'ai faim.
Qui pourvoira de nous au dîner de demain ?
  Ou pluftôt fur quelle affûrance
Fondez-vous, dites-moi, le fouper d'aujourd'hui ?
  Avant tout autre c'eft celui
  Dont il s'agit : votre fcience
Eft courte là-deffus : ma main y fuppléra.
  A ces mots, le Pâtre s'en va
Dans un bois : il y fit des fagots, dont la vente,
Pendant cette journée & pendant la fuivante,
Empêcha qu'un long jeûne à la fin ne fît tant,
Qu'ils allaffent là-bas exercer leur talent.

  Je conclus de cette aventure,
Qu'il ne faut pas tant d'art pour conferver fes jours ;
  Et grace aux dons de la nature,
La main eft le plus fûr & le plus prompt fecours.

Fin du dixiéme Livre.

(*Fable* CCIV.)

LE LION. Fable CCV.

FABLES CHOISIES.
LIVRE ONZIEME.

FABLE I.
LE LION.

Sultan léopard autrefois
  Eut, ce dit-on, par mainte aubaine,
Force bœufs dans ſes prés, force cerfs dans ſes bois,
  Force moutons parmi la plaine.
Il naquit un Lion dans la forêt prochaine.
Après les complimens & d'une & d'autre part,
  Comme entre grands il ſe pratique,
Le ſultan fit venir ſon viſir le renard,
  Vieux routier & bon politique.
Tu crains, ce lui dit-il, Lionceau mon voiſin:
  Son pere eſt mort, que peut-il faire?
  Plains pluſtôt le pauvre orphelin.
  Il a chez lui plus d'une affaire,
  Et devra beaucoup au deſtin,
S'il garde ce qu'il a ſans tenter de conquête.
  Le renard dit, branlant la tête,
Tels orphelins, ſeigneur, ne me font point pitié;
Il faut de celui-ci conſerver l'amitié,
  Ou s'efforcer de le détruire,
  Avant que la griffe & la dent
Lui ſoit crue, & qu'il ſoit en état de nous nuire:
  N'y perdez pas un ſeul moment.
J'ai fait ſon horoſcope: il croîtra par la guerre.
  Ce ſera le meilleur Lion,
  Pour ſes amis, qui ſoit ſur terre;
  Tâchez donc d'en être, ſinon

Tome IV.   M

Tâchez de l'affoiblir. La harangue fut vaine.
Le fultan dormoit lors; & dedans fon domaine
Chacun dormoit auffi, bêtes, gens : tant qu'enfin
Le Lionceau devient vrai Lion. Le tocfin
Sonne auffi-tôt fur lui : l'alarme fe promene
   De toutes parts, & le vifir
Confulté là-deffus, dit avec un foupir :
Pourquoi l'irritez-vous? la chofe eft fans reméde.
En vain nous appellons mille gens à notre aide.
Plus ils font, plus ils coûtent, & je ne les tiens bons
   Qu'à manger leur part des moutons.
Appaifez le Lion : feul il paffe en puiffance
Ce monde d'alliés vivant fur notre bien.
Le Lion en a trois qui ne lui coûtent rien,
Son courage, fa force, avec fa vigilance.
Jettez-lui promptement fous la griffe un mouton ;
S'il n'en eft pas content, jettez-en davantage :
Joignez-y quelque bœuf : choififfez, pour ce don,
   Tout le plus gras du pâturage :
Sauvez le refte ainfi. Ce confeil ne plut pas :
   Il en prit mal ; & force états
   Voifins du fultan en pâtirent :
   Nul n'y gagna, tous y perdirent.
   Quoi que fît ce monde ennemi,
   Celui qu'ils craignoient fut le maître.
Propofez-vous d'avoir le Lion pour ami,
   Si vous voulez le laiffer croître.

(*Fable ccv.*)

LES DIEUX VOULANT INSTRUIRE UN FILS DE JUPITER. Fable CCVI.

FABLE II.

LES DIEUX VOULANT INSTRUIRE UN FILS
DE JUPITER.

POUR MONSEIGNEUR LE DUC DU MAINE.

Jupiter eut un fils, qui se sentant du lieu
  Dont il tiroit son origine,
  Avoit l'ame toute divine.
L'enfance n'aime rien : celle du jeune Dieu
  Faisoit sa principale affaire
  Des doux soins d'aimer & de plaire.
  En lui l'amour & la raison
Devancerent le temps, dont les aîles légeres
N'aménent que trop tôt, hélas! chaque saison.
Flore aux regards rians, aux charmantes maniéres,
Toucha d'abord le cœur du jeune Olympien,
Ce que la passion peut inspirer d'adresse,
Sentimens délicats & remplis de tendresse,
Pleurs, soupirs, tout en fut: bref, il n'oublia rien.
Le fils de Jupiter devoit, par sa naissance,
Avoir un autre esprit, & d'autres dons des cieux,
  Que les enfans des autres Dieux.
Il sembloit qu'il n'agît que par réminiscence,
Et qu'il eût autrefois fait le métier d'amant,
  Tant il le fit parfaitement.
Jupiter cependant voulut le faire instruire.
Il assembla les Dieux, & dit: j'ai sçu conduire
Seul & sans compagnon jusqu'ici l'univers:
  Mais il est des emplois divers
  Qu'aux nouveaux Dieux je distribue.
Sur cet enfant chéri j'ai donc jetté la vûe.
C'est mon sang : tout est plein déja de ses autels.

Afin de mériter le rang des immortels,
Il faut qu'il fçache tout. Le maître du tonnerre
Eut à peine achevé, que chacun applaudit.
Pour fçavoir tout, l'enfant n'avoit que trop d'efprit.
  Je veux, dit le dieu de la guerre,
   Lui montrer moi-même cet art
   Par qui maints héros ont eu part
Aux honneurs de l'olympe, & groffi cet empire.
  Je ferai fon maître de lyre,
   Dit le blond & docte Apollon.
Et moi, reprit Hercule à la peau de lion,
  Son maître à furmonter les vices,
A domter les tranfports, monftres empoifonneurs,
Comme hydres renaiffans fans ceffe dans les cœurs.
  Ennemi des molles délices,
Il apprendra de moi les fentiers peu battus
Qui ménent aux honneurs fur les pas des vertus.
  Quand ce vint au Dieu de Cythere,
  Il dit qu'il lui montreroit tout.
L'Amour avoit raifon; de quoi ne vient à bout
  L'efprit joint au defir de plaire?

(*Fable* CCVI.)

LE FERMIER, LE CHIEN, ET LE RENARD. Fable CCVII.

FABLE III.

LE FERMIER, LE CHIEN ET LE RENARD.

Le Loup & le Renard font d'étranges voifins :
Je ne bâtirai point autour de leur demeure.
  Ce dernier guettoit à toute heure
Les poules d'un fermier : & quoique des plus fins,
Il n'avoit pû donner atteinte à la volaille.
D'une part l'appétit, de l'autre le danger,
N'étoient pas au compere un embarras léger.
  Hé quoi, dit-il, cette canaille,
  Se moque impunément de moi ?
  Je vais, je viens, je me travaille,
J'imagine cent tours : le ruftre, en paix chez foi,
Vous fait argent de tout, convertit en monnoie
Ses chapons, fa poulaille : il en a même au croc :
Et moi, maître paffé, quand j'attrape un vieux coq,
  Je fuis au comble de la joie !
Pourquoi fire Jupin m'a-t-il donc appellé
Au métier de Renard ? je jure les puiffances
De l'olympe & du ftyx, il en fera parlé.
  Roulant en fon cœur les vengeances,
Il choifit une nuit libérale en pavots.
Chacun étoit plongé dans un profond repos :
Le maître du logis, les valets, le chien même,
Poules, poulets, chapons, tout dormoit. Le Fermier
  Laiffant ouvert fon poulailler,
  Commit une fottife extrême.
Le voleur tourne tant, qu'il entre au lieu guetté,
Le dépeuple, remplit de meurtres la cité.
  Les marques de fa cruauté,
Parurent avec l'aube : on vit un étalage
  De corps fanglans, & de carnage.

Tome IV.

Peu s'en fallut que le foleil
Ne rebrouffât d'horreur vers le manoir liquide.
　　Tel, & d'un fpectacle pareil
Apollon irrité contre le fier Atride,
Joncha fon camp de morts: on vit prefque détruit
L'oft des Grecs; & ce fut l'ouvrage d'une nuit.
　　Tel encore autour de fa tente,
　　Ajax à l'ame impatiente,
De moutons & de boucs fit un vafte débris,
Croyant tuer en eux fon concurrent Ulyffe,
　　Et les auteurs de l'injuftice
　　Par qui l'autre emporta le prix.
Le Renard, autre Ajax, aux volailles funefte,
Emporte ce qu'il peut, laiffe étendu le refte.
Le maître ne trouva de recours qu'à crier
Contre fes gens, fon chien: c'eft l'ordinaire ufage.
Ah! maudit animal, qui n'es bon qu'à noyer,
Que n'avertiffois-tu dès l'abord du carnage?
Que ne l'évitiez-vous? c'eût été pluftôt fait.
Si vous, Maître & Fermier, à qui touche le fait,
Dormez fans avoir foin que la porte foit clofe,
Voulez-vous que moi, chien, qui n'ai rien à la chofe,
Sans aucun intérêt je perde le repos?
　　Ce chien parloit très à propos:
　　Son raifonnement pouvoit être
　　Fort bon dans la bouche d'un maître,
　　Mais n'étant que d'un fimple chien,
　　On trouva qu'il ne valoit rien:
　　On vous fangla le pauvre drille.

Toi donc, qui que tu fois, ô pere de famille,
(Et je ne t'ai jamais envié cet honneur)
T'attendre aux yeux d'autrui, quand tu dors, c'eft erreur.
Couche-toi le dernier, & vois fermer ta porte.
　　Que fi quelque affaire t'importe,
　　Ne la fais point par procureur.　　　*(Fable CCVII.)*

LE SONGE D'UN HABITANT DU MOGOL. Fable CCVIII.

FABLE IV.

LE SONGE D'UN HABITANT DU MOGOL.

Jadis certain Mogol vit en songe un visir,
Aux champs Elysiens possesseur d'un plaisir
Aussi pur qu'infini, tant en prix qu'en durée :
Le même songeur vit en une autre contrée
    Un hermite entouré de feux,
Qui touchoit de pitié même les malheureux.
Le cas parut étrange, & contre l'ordinaire,
Minos en ces deux morts sembloit s'être mépris.
Le dormeur s'éveilla, tant il en fut surpris.
Dans ce songe pourtant soupçonnant du mystere,
    Il se fit expliquer l'affaire.
L'interpréte lui dit : ne vous étonnez point,
Votre songe a du sens ; & si j'ai sur ce point
    Acquis tant soit peu d'habitude,
C'est un avis des dieux. Pendant l'humain séjour
Ce visir quelquefois cherchoit la solitude ;
Cet hermite aux visirs alloit faire sa cour.

Si j'osois ajoûter au mot de l'interprete,
J'inspirerois ici l'amour de la retraite ;
Elle offre à ses amans des biens sans embarras,
Biens purs, présens du ciel, qui naissent sous les pas.
Solitude où je trouve une douceur secrete,
Lieux que j'aimai toujours, ne pourrai-je jamais,
Loin du monde & du bruit goûter l'ombre & le frais ?
O qui m'arrêtera sous vos sombres asyles !
Quand pourront les neuf sœurs, loin des cours & des villes,
M'occuper tout entier, & m'apprendre des cieux
Les divers mouvemens inconnus à nos yeux,
Les noms & les vertus de ces clartés errantes,

Par qui font nos destins & nos mœurs différentes?
Que si je ne suis né pour de si grands projets,
Du moins que les ruisseaux m'offrent de doux objets!
Que je peigne en mes vers quelque rive fleurie!
La parque à filets d'or n'ourdira point ma vie;
Je ne dormirai point sous de riches lambris:
Mais voit-on que le somme en perde de son prix?
En est-il moins profond, & moins plein de délices?
Je lui voue au désert de nouveaux sacrifices.
Quand le moment viendra d'aller trouver les morts,
J'aurai vécu sans soins, & mourrai sans remords.

(*Fable CCVIII.*)

FABLE V.
LE LION, LE SINGE
ET
LES DEUX ÂNES.

FABLE V.

Le Lion, le Singe et les deux Ânes.

Le Lion, pour bien gouverner,
Voulant apprendre la morale,
Se fit, un beau jour, amener
Le Singe maître ès arts chez la gent animale.
La premiere leçon que donna le régent,
Fut celle-ci: grand roi, pour régner sagement,
Il faut que tout prince préfere
Le zele de l'état à certain mouvement
Qu'on appelle communément
Amour propre; car c'est le pere,
C'est l'auteur de tous les défauts,
Que l'on remarque aux animaux.
Vouloir que de tout point ce sentiment vous quitte,
Ce n'est pas chose si petite,
Qu'on en vienne à bout dans un jour:
C'est beaucoup de pouvoir modérer cet amour.
Par là votre personne auguste
N'admettra jamais rien en soi
De ridicule ni d'injuste.
Donne-moi, repartit le roi,
Des exemples de l'un & l'autre.
Toute espece, dit le docteur,
(Et je commence par la nôtre)
Toute profession s'estime dans son cœur,
Traite les autres d'ignorantes,
Les qualifie impertinentes,
Et semblables discours qui ne nous coûtent rien.
L'amour propre, au rebours, fait qu'au degré suprême
On porte ses pareils; car c'est un bon moyen
De s'élever aussi soi-même.

LE LION, LE SINGE ET LES DEUX ÂNES. Fable CCIX.

LIVRE ONZIEME.

De tout ce que deſſus j'argumente très-bien
Qu'ici bas maint talent n'eſt que pure grimace,
Cabale, & certain art de ſe faire valoir,
Mieux ſçu des ignorans, que des gens de ſçavoir.

   L'autre jour ſuivant à la trace
Deux Anes qui, prenant tour à tour l'encenſoir,
Se louoient tour à tour, comme c'eſt la maniere,
J'ouïs que l'un des deux diſoit à ſon confrere :
Seigneur, trouvez-vous pas bien injuſte & bien ſot
L'homme, cet animal ſi parfait ? Il profane
   Notre auguſte nom, traitant d'Ane
Quiconque eſt ignorant, d'eſprit lourd, idiot :
   Il abuſe encore d'un mot,
Et traite notre rire & nos diſcours de braire.
Les humains ſont plaiſans de vouloir exceller
Pardeſſus nous ! non, non : c'eſt à vous de parler,
   A leurs orateurs de ſe taire :
Voilà les vrais braillards. Mais laiſſons-là ces gens :
   Vous m'entendez, je vous entens :
   Il ſuffit ; & quant aux merveilles,
Dont votre divin chant vient frapper les oreilles,
Philomele eſt, au prix, novice dans cet art :
Vous ſurpaſſez Lambert. L'autre Baudet repart :
Seigneur, j'admire en vous des qualités pareilles.
Ces Anes, non contens de s'être ainſi grattés,
   S'en allerent dans les cités
L'un l'autre ſe prôner. Chacun d'eux croyoit faire,
En priſant ſes pareils, une fort bonne affaire,
Prétendant que l'honneur en reviendroit ſur lui.
   J'en connois beaucoup aujourd'hui,
Non parmi les Baudets, mais parmi les puiſſances
Que le ciel voulut mettre en de plus hauts degrés,
Qui changeroient entr'eux les ſimples excellences,
   S'ils oſoient, en des majeſtés.

J'en dis peut-être plus qu'il ne faut; & fuppofe
Que votre majefté gardera le fecret.
Elle avoit fouhaité d'apprendre quelque trait
   Qui lui fît voir, entre autre chofe,
L'amour propre donnant du ridicule aux gens.
L'injufte aura fon tour: il y faut plus de temps.
Ainfi parla ce Singe. On ne m'a pas fçu dire
S'il traita l'autre point, car il eft délicat;
Et notre maître ès arts qui n'étoit pas un fat,
Regardoit ce Lion comme un terrible Sire.

(*Fable* ccix.)

LE LOUP ET LE RENARD. Fable CCX.

FABLE VI.

Le Loup et le Renard.

Mais d'où vient qu'au Renard Éſope accorde un point?
C'eſt d'exceller en tours pleins de matoiſerie.
J'en cherche la raiſon, & ne la trouve point.
Quand le Loup a beſoin de défendre ſa vie,
  Ou d'attaquer celle d'autrui,
  N'en ſçait-il pas autant que lui?
Je crois qu'il en ſçait plus, & j'oſerois peut-être
Avec quelque raiſon contredire mon maître.
Voici pourtant un cas où tout l'honneur échut
A l'hôte des terriers. Un ſoir il apperçut
La lune au fond d'un puits: l'orbiculaire image
  Lui parut un ample fromage.
  Deux ſeaux alternativement
  Puiſoient le liquide élément.
Notre Renard, preſſé par une faim canine,
S'accommode en celui qu'au haut de la machine
  L'autre ſeau tenoit ſuſpendu.
  Voilà l'animal deſcendu,
  Tiré d'erreur, mais fort en peine,
  Et voyant ſa perte prochaine:
Car comment remonter, ſi quelque autre affamé,
  De la même image charmé,
  Et ſuccédant à ſa miſere,
Par le même chemin ne le tiroit d'affaire?
Deux jours s'étoient paſſés ſans qu'aucun vînt au puits:
Le temps qui toujours marche, avoit, pendant deux nuits,
  Échancré, ſelon l'ordinaire,
De l'aſtre au front d'argent la face circulaire.
  Sire Renard étoit déſeſpéré.
  Compere Loup, le goſier altéré,

Paſſe par-là: l'autre dit: camarade,
Je vous veux régaler; voyez-vous cet objet?
C'eſt un fromage exquis. Le dieu Faune l'a fait;
　　　La vache Io donna le lait.
　　　Jupiter, s'il étoit malade,
Reprendroit l'appétit en tâtant d'un tel mets.
　　J'en ai mangé cette échancrure,
Le reſte vous fera ſuffiſante pâture.
Deſcendez dans un ſeau que j'ai là mis exprès.
Bien qu'au moins mal qu'il pût il ajuſtât l'hiſtoire,
　　　Le Loup fut un ſot de le croire.
Il deſcend, & ſon poids emportant l'autre part,
　　　Reguinde en haut maître Renard.

Ne nous en moquons point: nous nous laiſſons ſéduire
　　　Sur auſſi peu de fondement;
　　　Et chacun croit fort aiſément
　　　Ce qu'il craint & ce qu'il deſire.

(*Fable* ccx.)

FABLE VII.
LE PAYSAN
DU
DANUBE.

FABLE VII.

Le Paysan du Danube.

Il ne faut point juger des gens sur l'apparence.
Le conseil en est bon; mais il n'est pas nouveau.

    Jadis, l'erreur du souriceau
Me servit à prouver le discours que j'avance.
    J'ai, pour le fonder à présent,
Le bon Socrate, Ésope, & certain Paysan
Des rives du Danube, homme dont Marc-Aurele
    Nous fait un portrait fort fidele.
On connoît les premiers : quant à l'autre, voici
    Le personnage en raccourci.
Son menton nourrissoit une barbe touffue;
    Toute sa personne velue
Représentoit un ours, mais un ours mal léché.
Sous un sourcil épais il avoit l'œil caché,
Le regard de travers, nez tortu, grosse lévre;
    Portoit sayon de poil de chévre,
    Et ceinture de joncs marins.
Cet homme, ainsi bâti, fut député des villes
Que lave le Danube : il n'étoit point d'asyles
    Où l'avarice des Romains
Ne pénétrât alors, & ne portât les mains.
Le député vint donc, & fit cette harangue :
Romains, & vous, sénat assis pour m'écouter,
Je supplie, avant tout, les dieux de m'assister :
Veuillent les immortels, conducteurs de ma langue,
Que je ne dise rien qui doive être repris.
Sans leur aide il ne peut entrer dans les esprits,
    Que tout mal & toute injustice :
Faute d'y recourir on viole leurs loix.

LE PAYSAN DU DANUBE. Fable CCXI.

Témoin nous que punit la romaine avarice,
Rome est, par nos forfaits, plus que par ses exploits,
   L'instrument de notre supplice.
Craignez, Romains, craignez que le ciel quelque jour
Ne transporte chez vous les pleurs & la misere,
Et mettant en nos mains, par un juste retour,
Les armes dont se sert sa vengeance sévere,
    Il ne vous fasse, en sa colere,
    Nos esclaves à votre tour.
Et pourquoi sommes-nous les vôtres ? qu'on me die
En quoi vous valez mieux que cent peuples divers ?
Quel droit vous a rendus maîtres de l'univers ?
Pourquoi venir troubler une innocente vie ?
Nous cultivions en paix d'heureux champs, & nos mains
Étoient propres aux arts, ainsi qu'au labourage :
    Qu'avez-vous appris aux Germains ?
     Ils ont l'adresse & le courage :
     S'ils avoient eu l'avidité,
     Comme vous, & la violence,
Peut-être, en votre place, ils auroient la puissance,
Et sçauroient en user sans inhumanité.
Celle que vos préteurs ont sur nous exercée,
     N'entre qu'à peine en la pensée.
     La majesté de vos autels
     Elle-même en est offensée :
     Car sçachez que les immortels
Ont les regards sur nous. Graces à vos exemples,
Il n'ont devant les yeux que des objets d'horreur,
    De mépris d'eux, & de leur temples,
D'avarice qui va jusques à la fureur.
Rien ne suffit aux gens qui nous viennent de Rome :
    La terre & le travail de l'homme
Font, pour les assouvir, des efforts superflus.
    Retirez-les : on ne veut plus
    Cultiver pour eux les campagnes.

Nous quittons les cités, nous fuyons aux montagnes;
   Nous laiſſons nos cheres compagnes:
Nous ne converſons plus qu'avec des ours affreux,
Découragés de mettre au jour des malheureux,
Et de peupler pour Rome un pays qu'elle opprime.
   Quant à nos enfans déja nés,
Nous ſouhaitons de voir leurs jours bientôt bornés:
Vos préteurs, au malheur, nous font joindre le crime.
  Retirez-les, ils ne nous apprendront
   Que la molleſſe, & que le vice.
  Les Germains comme eux deviendront
   Gens de rapine & d'avarice:
C'eſt tout ce que j'ai vû dans Rome à mon abord.
   N'a-t-on point de préſent à faire?
Point de pourpre à donner? c'eſt en vain qu'on eſpere
Quelque refuge aux loix: encor leur miniſtere
A-t-il mille longueurs. Ce diſcours, un peu fort,
   Doit commencer à vous déplaire.
   Je finis. Puniſſez de mort
   Une plainte un peu trop ſincere.
A ces mots, il ſe couche, & chacun étonné,
Admire le grand cœur, le bon ſens, l'éloquence
   Du Sauvage ainſi proſterné.
On le créa patrice; & ce fut la vengeance
Qu'on crut qu'un tel diſcours méritoit. On choiſit
   D'autres préteurs; & par écrit
Le ſénat demanda ce qu'avoit dit cet homme,
Pour ſervir de modele aux parleurs à venir.
   On ne ſçut pas long-temps à Rome
   Cette éloquence entretenir.

(*Fable* CCXI.)

LE VIEILLARD ET LES TROIS JEUNES HOMMES. Fable CCXII.

FABLE VIII.

LE VIEILLARD ET LES TROIS JEUNES HOMMES.

  Un Octogénaire plantoit.
Paſſe encor de bâtir; mais planter à cet âge!
Diſoient trois Jouvenceaux enfans du voiſinage,
  Aſſurément il radotoit.
  Car, au nom des dieux, je vous prie,
Quel fruit de ce labeur pouvez-vous recueillir?
Autant qu'un patriarche il vous faudroit vieillir.
  A quoi bon charger votre vie
Des ſoins d'un avenir qui n'eſt pas fait pour vous?
Ne ſongez déſormais qu'à vos erreurs paſſées.
Quittez le long eſpoir & les vaſtes penſées:
  Tout cela ne convient qu'à nous.
  Il ne convient pas à vous-mêmes,
Repartit le Vieillard. Tout établiſſement
Vient tard & dure peu. La main des parques blêmes
De vos jours & des miens ſe joue également.
Nos termes ſont pareils par leur courte durée.
Qui de nous des clartés de la voûte azurée
Doit jouir le dernier? eſt-il aucun moment
Qui vous puiſſe aſſurer d'un ſecond ſeulement?
Mes arriére-neveux me devront cet ombrage:
  Hé bien, défendez-vous au ſage
De ſe donner des ſoins pour le plaiſir d'autrui?
Cela même eſt un fruit que je goûte aujourd'hui:
J'en puis jouir demain, & quelques jours encore:
  Je puis enfin compter l'aurore
  Plus d'une fois ſur vos tombeaux.
Le Vieillard eut raiſon: l'un des trois Jouvenceaux
Se noya dès le port allant à l'Amérique.
L'autre, afin de monter aux grandes dignités,

64 FABLES CHOISIES.

Dans les emplois de Mars servant la république,
Par un coup imprévû vit ses jours emportés.
  Le troisiéme tomba d'un arbre
  Que lui-même il voulut enter;
Et, pleurés du Vieillard, il grava sur leur marbre
  Ce que je viens de raconter.

(*Fable* CCXII.)

LES SOURIS ET LE CHAT-HUANT. Fable CCXIII.

FABLE IX.

Les Souris et le Chat-huant.

Il ne faut jamais dire aux gens,
Écoutez un bon mot, oyez une merveille.
Sçavez-vous si les écoutans
En feront une estime à la vôtre pareille?
Voici pourtant un cas qui peut être excepté;
Je le maintiens prodige, & tel que d'une fable
Il a l'air & les traits, encor que véritable.
On abattit un pin pour son antiquité,
Vieux palais d'un Hibou, triste & sombre retraite
De l'oiseau qu'Atropos prend pour son interprete.
Dans son tronc caverneux & miné par le temps,
Logeoient, entre autres habitans,
Force Souris sans pieds, toutes rondes de graisse.
L'oiseau les nourrissoit parmi des tas de blé,
Et de son bec avoit leur troupeau mutilé;
Cet oiseau raisonnoit, il faut qu'on le confesse.
En son temps, aux Souris le compagnon chassa.
Les premieres qu'il prit, du logis échappées,
Pour y remédier, le drôle estropia
Tout ce qu'il prit ensuite; & leurs jambes coupées
Firent qu'il les mangeoit à sa commodité,
Aujourd'hui l'une, & demain l'autre.
Tout manger à la fois, l'impossibilité
S'y trouvoit, joint aussi le soin de sa santé.
Sa prévoyance alloit aussi loin que la nôtre:
Elle alloit jusqu'à leur porter
Vivres & grains pour subsister.
Puis qu'un Cartésien s'obstine
A traiter ce Hibou de montre, & de machine!
Quel ressort lui pouvoit donner

Le confeil de tronquer un peuple mis en mue?
   Si ce n'eft pas là raifonner,
   La raifon m'eft chofe inconnue.
   Voyez que d'argumens il fit!
   Quand ce peuple eft pris, il s'enfuit:
Donc il faut le croquer auffi-tôt qu'on le happe.
Tout? il eft impoffible. Et puis, pour le befoin
N'en dois-je pas garder? donc il faut avoir foin
   De le nourrir fans qu'il échappe.
Mais comment? ôtons-lui les pieds. Or trouvez-moi
Chofe, par les humains, à fa fin mieux conduite!
Quel autre art de penfer Ariftote & fa fuite
   Enfeignent-ils, par votre foi? *

---

* Ceci n'eft point une fable; & la chofe, quoique merveilleufe & prefque incroyable, eft véritablement arrivée. J'ai peut-être porté trop loin la prévoyance de ce Hibou; car je ne prétends pas établir dans les bêtes un progrès de raifonnement tel que celui-ci: mais ces exagérations font permifes à la poéfie, fur-tout dans la maniere d'écrire dont je fers.

(*Fable CCXIII.*)

ÉPILOGUE.

C'eſt ainſi que ma muſe, aux bords d'une onde pure,
  Traduiſoit en langue des dieux
  Tout ce que diſent ſous les cieux
Tant d'êtres empruntans la voix de la nature.
  Truchement de peuples divers,
Je les faiſois ſervir d'acteurs en mon ouvrage;
  Car tout parle dans l'univers :
  Il n'eſt rien qui n'ait ſon langage.
Plus éloquens chez eux qu'ils ne ſont dans mes vers,
Si ceux que j'introduis me trouvent peu fidéle;
Si mon œuvre n'eſt pas un aſſez bon modéle,
  J'ai du moins ouvert le chemin :
D'autres pourront y mettre une derniere main.
Favoris des neuf Sœurs, achevez l'entrepriſe :
Donnez mainte leçon que j'ai ſans doute omiſe :
Sous ces inventions il faut l'envelopper :
Mais vous n'avez que trop de quoi vous occuper.
Pendant le doux emploi de ma muſe innocente,
Louis domte l'Europe; & d'une main puiſſante,
Il conduit à leur fin les plus nobles projets
  Qu'ait jamais formés un Monarque.
Favoris des neuf Sœurs, ce ſont là des ſujets
  Vainqueurs du temps & de la parque.

Fin du onziéme Livre.

FABLES CHOISIES.
LIVRE DOUZIEME.

A MONSEIGNEUR
LE DUC
DE BOURGOGNE.

Monseigneur,

Je ne puis employer pour mes Fables, de protection qui me soit plus glorieuse que la vôtre. Ce goût exquis, & ce jugement si solide que vous faites paroître dans toutes choses au-delà d'un âge où à peine les autres Princes sont-ils touchés de ce qui les environne avec le plus d'éclat; tout cela joint au devoir de vous obéir & à la passion de vous plaire, m'a obligé de vous présenter un ouvrage dont l'original a été l'admiration de tous les siécles, aussi-bien que celle de tous les sages. Vous m'avez même ordonné de continuer; & si vous me permettez de le dire, il y a des sujets dont je vous suis redevable, & où vous avez jetté des graces qui ont été admirées de tout le monde. Nous n'avons plus besoin de consulter ni Apollon, ni les Muses, ni aucunes des Divinités du Parnasse. Elles se rencontrent dans les présens que vous a faits la nature, & dans cette science de bien juger des ouvrages de l'esprit, à quoi vous joignez déja celle de connoître toutes les régles qui y conviennent. Les Fables d'Esope sont une ample matiere pour ces talens. Elles embrassent toutes sortes d'événemens & de caracteres. Ces mensonges sont proprement une maniere d'histoire, où on ne flatte personne. Ce ne sont pas choses de peu d'importance que ces sujets.

Les animaux sont les précepteurs des hommes dans mon ouvrage. Je ne m'étendrai pas davantage là-dessus : vous voyez mieux que moi le profit qu'on en peut tirer. Si vous vous connoissez maintenant en orateurs & en poëtes, vous vous connoîtrez encore mieux quelque jour en bons politiques, & en bons généraux d'armée; & vous vous tromperez aussi peu au choix des personnes, qu'au mérite des actions. Je ne suis pas d'un âge à espérer d'en être témoin. Il faut que je me contente de travailler sous vos ordres. L'envie de vous plaire me tiendra lieu d'une imagination que les ans ont affoiblie. Quand vous souhaiterez quelque fable, je la trouverai dans ce fonds-là. Je voudrois bien que vous y puissiez trouver des louanges dignes du Monarque qui fait maintenant le destin de tant de peuples & de nations, & qui rend toutes les parties du monde attentives à ses conquêtes, à ses victoires, & à la paix qui semble se rapprocher, & dont il impose les conditions avec toute la modération que peuvent souhaiter nos ennemis. Je me le figure comme un conquérant qui veut mettre des bornes à sa gloire & à sa puissance, & de qui on pourroit dire à meilleur titre, qu'on ne l'a dit d'Alexandre, qu'il va tenir les états de l'univers, en obligeant les ministres de tant de princes de s'assembler, pour terminer une guerre qui ne peut être que ruineuse à leurs maîtres. Ce sont des sujets au-dessus de nos paroles : je les laisse à de meilleures plumes que la mienne ; & suis avec un profond respect,

MONSEIGNEUR,

Votre très-humble, très-obéissant
& très-fidele serviteur.
DE LA FONTAINE.

LES COMPAGNONS D'ULYSSE, à M.gr le Duc de Bourgogne. Fable CCXIV.

FABLE I.

LES COMPAGNONS D'ULYSSE.

A MONSEIGNEUR LE DUC DE BOURGOGNE.

Prince, l'unique objet du foin des immortels,
Souffrez que mon encens parfume vos autels.
Je vous offre un peu tard ces préfens de ma mufe :
Les ans & les travaux me ferviront d'excufe.
Mon efprit diminue ; au lieu qu'à chaque inftant,
On apperçoit le vôtre aller en augmentant.
Il ne va pas, il court, il femble avoir des aîles :
Le Héros dont il tient des qualités fi belles,
Dans le métier de Mars brûle d'en faire autant :
Il ne tient pas à lui, que forçant la victoire,
   Il ne marche à pas de géant
   Dans la carriere de la gloire.
Quelque Dieu le retient, (c'eft notre Souverain),
Lui, qu'un mois a rendu maître & vainqueur du rhin.
Cette rapidité fut alors néceffaire :
Peut-être elle feroit aujourd'hui téméraire.
Je m'en tais : auffi-bien les ris & les amours
Ne font pas foupçonnés d'aimer les longs difcours.
De ces fortes de dieux votre cour fe compofe,
Ils ne vous quittent point. Ce n'eft pas qu'après tout
D'autres divinités n'y tiennent le haut bout :
Le fens & la raifon y réglent toute chofe.
Confultez ces derniers fur un fait où les Grecs,
   Imprudens & peu circonfpects,
   S'abandonnerent à des charmes
Qui métamorphofoient en bêtes les humains.

Les Compagnons d'Ulyffe, après dix ans d'alarmes,

Erroient au gré du vent, de leur fort incertains.
   Ils aborderent un rivage
   Où la fille du dieu du jour,
   Circé, tenoit alors fa cour.
   Elle leur fit prendre un breuvage
Délicieux, mais plein d'un funefte poifon.
   D'abord ils perdent la raifon :
Quelques momens après leur corps & leur vifage,
Prennent l'air & les traits d'animaux différens.
Les voilà devenus ours, lions, éléphans ;
   Les uns fous une maffe énorme,
   Les autres fous une autre forme :
Il s'en vit de petits, *exemplum ut talpa* :
   Le feul Ulyffe en échappa.
Il fçut fe défier de la liqueur traîtreffe.
   Comme il joignoit à la fageffe
La mine d'un héros & le doux entretien,
   Il fit tant que l'enchantereffe
Prit un autre poifon peu différent du fien.
Une déeffe dit tout ce qu'elle a dans l'ame:
   Celle-ci déclara fa flamme.
Ulyffe étoit trop fin pour ne pas profiter
   D'une pareille conjoncture :
Il obtint qu'on rendroit à fes Grecs leur figure.
Mais la voudront-ils bien, dit la nymphe, accepter ?
Allez le propofer de ce pas à la troupe.
Ulyffe y court, & dit : l'empoifonneufe coupe
A fon remede encore, & je viens vous l'offrir :
Chers amis, voulez-vous hommes redevenir ?
   On vous rend déjà la parole.
   Le lion dit, penfant rugir,
   Je n'ai pas la tête fi folle.
Moi renoncer aux dons que je viens d'acquérir !
J'ai griffe & dent, & mets en piéces qui m'attaque :
Je fuis roi, deviendrai-je un citadin d'Itaque ?

Tu me rendras, peut-être, encor simple soldat?
   Je ne veux point changer d'état.
Ulysse, du lion court à l'ours: eh! mon frere,
Comme te voilà fait! je t'ai vû si joli.
   Ah! vraiment, nous y voici,
   Reprit l'ours à sa maniere;
Comme me voilà fait! comme doit être un ours.
Qui t'a dit qu'une forme est plus belle qu'une autre?
  Est-ce à la tienne à juger de la nôtre?
Je m'en rapporte aux yeux d'une ourse mes amours.
Te déplais-je? va-t-en, fuis ta route & me laisse:
Je vis libre, content, sans nul soin qui me presse;
   Et te dis, tout net & tout plat,
   Je ne veux point changer d'état.
Le Prince Grec au loup va proposer l'affaire:
Il lui dit, au hazard d'un semblable refus:
   Camarade, je suis confus
   Qu'une jeune & belle bergere
  Conte aux échos les appétits gloutons
   Qui t'ont fait manger ses moutons.
Autrefois on t'eût vû sauver sa bergerie:
   Tu menois une honnête vie.
   Quitte ces bois, & redevien,
   Au lieu de loup, homme de bien.
En est-il, dit le loup? pour moi, je n'en vois guere.
Tu t'en viens me traiter de bête carnassiere:
Toi, qui parles, qu'es-tu? n'auriez-vous pas sans moi
Mangé ces animaux que plaint tout le village?
   Si j'étois homme, par ta foi,
   Aimerois-je moins le carnage?
Pour un mot, quelquefois, vous vous étranglez tous;
Ne vous êtes-vous pas l'un à l'autre des loups?
Tout bien considéré, je te soutiens en somme,
   Que sçélérat pour sçélérat,
  Il vaut mieux être un loup qu'un homme;

Tome IV.   T

Je ne veux point changer d'état.
Ulyſſe fit à tous une même ſemonce :
   Chacun d'eux fit même réponſe,
   Autant le grand que le petit.
La liberté, les bois, ſuivre leur appétit,
   C'étoit leurs délices ſuprêmes :
Tous renonçoient au lôs des belles actions.
Ils croyoient s'affranchir, ſuivant leurs paſſions,
   Ils étoient eſclaves d'eux mêmes.

Prince, j'aurois voulu vous choiſir un ſujet
Où je puſſe mêler le plaiſant à l'utile :
   C'étoit ſans doute un beau projet,
   Si ce choix eût été facile.
Les Compagnons d'Ulyſſe enfin ſe ſont offerts :
Ils ont force pareils en ce bas univers,
   Gens à qui j'impoſe pour peine
   Votre cenſure & votre haine.

(*Fable CCXIV.*)

LE CHAT ET LES DEUX MOINEAUX. Fable CCXV.

FABLE II.

Le Chat et les deux Moineaux.

A Monseigneur le Duc de Bourgogne.

Un Chat, contemporain d'un fort jeune Moineau,
Fut logé près de lui dès l'âge du berceau.
La cage & le panier avoient mêmes pénates.
Le Chat étoit souvent agacé par l'Oiseau;
L'un s'escrimoit du bec, l'autre jouoit des pattes.
Ce dernier, toutefois, épargnoit son ami,
  Ne le corrigeant qu'à demi.
  Il se fût fait un grand scrupule
  D'armer de pointes sa férule.
  Le Passereau moins circonspect,
  Lui donnoit force coups de bec:
  En sage & discrete personne,
  Maître Chat excusoit ses jeux.
Entre amis il ne faut jamais qu'on s'abandonne
  Aux traits d'un courroux sérieux.
Comme ils se connoissoient tous deux dès leur bas âge,
Une longue habitude en paix les maintenoit;
Jamais en vrai combat le jeu ne se tournoit.
  Quand un Moineau du voisinage
S'en vint les visiter, & se fit compagnon
Du pétulant Pierrot, & du sage Raton.
Entre les deux Oiseaux il arriva querelle:
  Et Raton de prendre parti.
Cet inconnu, dit-il, nous la vient donner belle
  D'insulter ainsi notre ami;
Le Moineau du voisin viendra manger le nôtre?
Non, de par tous les chats. Entrant lors au combat,
Il croque l'étranger: vraiment, dit notre Chat,

Les Moineaux ont un goût exquis & délicat.
Cette réflexion fit auffi croquer l'autre.

Quelle morale puis-je inférer de ce fait?
Sans cela, toute fable eft un œuvre imparfait.
J'en crois voir quelques traits, mais leur ombre m'abufe.
Prince, vous les aurez incontinent trouvez :
Ce font des jeux pour vous, & non point pour ma mufe :
Elle & fes fœurs n'ont pas l'efprit que vous avez.

(*Fable* ccxv.)

LE THESAURISEUR ET LE SINGE, Fable CCXVI.

FABLE III.

Du Thésauriseur et du Singe.

Un homme accumuloit. On fçait que cette erreur
  Va souvent jusqu'à la fureur.
Celui-ci ne songeoit que ducats & pistoles.
Quand ces biens sont oisifs, je tiens qu'ils sont frivoles.
  Pour sûreté de son trésor,
Notre Avare habitoit un lieu dont Amphitrite
Défendoit aux voleurs de toutes parts l'abord.
Là, d'une volupté, selon moi, fort petite,
Et selon lui fort grande, il entassoit toujours.
  Il passoit les nuits & les jours
A compter, calculer, supputer sans relâche;
Calculant, supputant, comptant comme à la tâche,
Car il trouvoit toujours du mécompte à son fait.
Un gros Singe plus sage, à mon sens, que son Maître,
Jettoit quelques doublons toujours par la fenêtre,
  Et rendoit le compte imparfait.
  La chambre bien cadenassée,
Permettoit de laisser l'argent sur le comptoir.
Un beau jour Dom-Bertrand se mit dans la pensée
D'en faire un sacrifice au liquide manoir.
  Quant à moi, lorsque je compare
Les plaisirs de ce Singe à ceux de cet Avare,
Je ne sçais bonnement auquel donner le prix.
Dom-Bertrand gagneroit près de certains esprits:
Les raisons en seroient trop longues à déduire.
Un jour donc l'animal, qui ne songeoit qu'à nuire,
Détachoit du monceau tantôt quelque doublon,
  Un jacobus, un ducaton,
  Et puis quelque noble à la rose,
Éprouvoit son adresse & sa force à jetter

Ces morceaux de métal qui se font souhaiter
    Par les humains, sur toute chose.
S'il n'avoit entendu son Compteur à la fin
    Mettre la clef dans la serrure,
Les ducats auroient tous pris le même chemin,
    Et couru la même aventure.
Il les auroit fait tous voler jusqu'au dernier
Dans le gouffre enrichi par maint & maint naufrage.

Dieu veuille préserver maint & maint financier
    Qui n'en fait pas meilleur usage.

(*Fable* CCXVI.)

LES DEUX CHÈVRES. Fable CCXVII.

FABLE IV.

Les deux Chévres.

Dès que les Chévres ont brouté,
    Certain esprit de liberté
Leur fait chercher fortune : elles vont en voyage
    Vers les endroits du pâturage
    Les moins fréquentés des humains.
Là, s'il est quelque lieu sans route & sans chemins,
Un rocher, quelque mont pendant en précipices,
C'est où ces Dames vont promener leurs caprices :
Rien ne peut arrêter cet animal grimpant.
    Deux Chévres donc s'émancipant,
    Toutes deux ayant patte blanche,
Quitterent les bas prés, chacune de sa part.
L'une vers l'autre alloit pour quelque bon hasard.
Un ruisseau se rencontre, & pour pont une planche :
Deux belettes à peine auroient passé de front
    Sur ce pont :
D'ailleurs, l'onde rapide & le ruisseau profond
Devoient faire trembler de peur ces Amazones.
Malgré tant de dangers, l'une de ces personnes
Pose un pied sur la planche, & l'autre en fait autant.
Je m'imagine voir, avec Louis le Grand,
    Philippe quatre qui s'avance
    Dans l'isle de la Conférence.
    Ainsi s'avançoient pas à pas,
    Nez à nez nos Avanturiéres,
    Qui toutes deux étant fort fiéres,
Vers le milieu du pont ne se voulurent pas
L'une à l'autre céder. Elles avoient la gloire
De compter dans leur race (à ce que dit l'histoire)
L'une, certaine Chévre au mérite sans pair,

Dont Polyphême fit préfent à Galathée;
     Et l'autre, la Chévre Amalthée
     Par qui fut nourri Jupiter.
Faute de reculer, leur chûte fut commune:
     Toutes deux tomberent dans l'eau.
     Cet accident n'eft pas nouveau
     Dans le chemin de la fortune.

(*Fable CCXVII.*)

A MONSEIGNEUR
LE DUC DE BOURGOGNE,

Qui avoit demandé à M. De la Fontaine une Fable qui fût nommée
LE CHAT ET LA SOURIS.

Pour plaire au jeune Prince à qui la renommée
  Deſtine un temple en mes écrits,
Comment compoſerai-je une fable nommée
  Le Chat & la Souris?

Dois-je repréſenter dans ces vers une belle,
Qui douce en apparence, & toutefois cruelle,
Va ſe jouant des cœurs que ſes charmes ont pris,
  Comme le Chat de la Souris?

Prendrai-je pour ſujet les jeux de la fortune?
Rien ne lui convient mieux; & c'eſt choſe commune
Que de lui voir traiter ceux qu'on croit ſes amis,
  Comme le Chat fait la Souris.

Introduirai-je un roi, qu'entre ſes favoris
  Elle reſpecte ſeul, roi, qui fixe ſa roue,
Qui n'eſt point empêché d'un monde d'ennemis;
Et qui, des plus puiſſans, quand il lui plaît, ſe joue
  Comme le Chat de la Souris?

Mais inſenſiblement, dans le tour que j'ai pris,
Mon deſſein ſe rencontre; & ſi je ne m'abuſe,
Je pourrois tout gâter par de plus longs récits.
Le jeune Prince alors ſe joûroit de ma muſe
  Comme le Chat de la Souris.

Tome IV.   X

FABLE V.

Le vieux Chat et la jeune Souris.

Une jeune Souris de peu d'expérience,
Crut fléchir un vieux Chat implorant sa clémence,
Et payant de raisons le Rominagrobis.
   Laissez-moi vivre : une Souris
   De ma taille & de ma dépense
   Est-elle à charge en ce logis ?
   Affamerois-je, à votre avis,
   L'hôte, l'hôtesse, & tout leur monde ?
   D'un grain de bled je me nourris :
   Une noix me rend toute ronde.
A présent je suis maigre : attendez quelque temps.
Réservez ce repas à messieurs vos enfans.
Ainsi parloit au Chat la Souris attrapée.
   L'autre lui dit : tu t'es trompée.
Est-ce à moi que l'on tient de semblables discours ?
Tu gagnerois autant de parler à des sourds.
Chat & vieux pardonner ? cela n'arrive guéres.
   Selon ces loix, descens là-bas,
   Meurs, & va-t'en tout de ce pas
   Haranguer les sœurs filandiéres.
Mes enfans trouveront assez d'autres repas.
   Il tint parole. Et pour ma fable,
Voici le sens moral qui peut y convenir.
La jeunesse se flatte & croit tout obtenir :
   La vieillesse est impitoyable.

(*Fable CCXVIII.*)

LE VIEUX CHAT ET LA JEUNE SOURIS. Fable CCXVIII.

FABLE VI.
LE CERF MALADE.

FABLE VI.

Le Cerf malade.

En pays plein de Cerfs, un Cerf tomba malade.
  Incontinent maint camarade
Accourt à son grabat le voir, le secourir,
Le consoler du moins : multitude importune.
  Eh! messieurs, laissez-moi mourir :
  Permettez qu'en forme commune,
La parque m'expédie, & finissez vos pleurs.
  Point du tout : les consolateurs
De ce triste devoir tout au long s'acquitterent ;
  Quand il plut à Dieu s'en allerent :
  Ce ne fut pas sans boire un coup
C'est-à-dire sans prendre un droit de pâturage.
Tout se mit à brouter les bois du voisinage.
La pitance du Cerf en déchut de beaucoup.
  Il ne trouva plus rien à frire :
  D'un mal, il tomba dans un pire ;
  Et se vit réduit à la fin
  A jeûner & mourir de faim.

  Il en coûte à qui vous réclame,
  Médecins du corps & de l'ame.
  O temps, ô mœurs ! j'ai beau crier,
  Tout le monde se fait payer.

(*Fable* CCXIX.)

LE CERF MALADE. Fable CCXIX.

LA CHAUVE-SOURIS, LE BUISSON ET LE CANARD. Fable CCXX.

FABLE VII.

LA CHAUVE-SOURIS, LE BUISSON ET LE CANARD.

Le Buisson, le Canard & la Chauve-Souris,
  Voyant tous trois qu'en leur pays
   Ils faisoient petite fortune,
Vont trafiquer au loin, & font bourse commune.
Ils avoient des comptoirs, des facteurs, des agens,
  Non moins soigneux qu'intelligens,
Des regiſtres exacts de mise & de recette.
  Tout alloit bien, quand leur emplette,
   En passant par certains endroits
   Remplis d'écueils, & fort étroits,
   Et de trajet très-difficile,
Alla toute emballée au fond des magasins,
  Qui du Tartare sont voisins.
Notre trio poussa maint regret inutile,
  Ou plustôt il n'en poussa point.
Le plus petit marchand est sçavant sur ce point:
Pour sauver son crédit il faut cacher sa perte.
Celle que par malheur nos gens avoient soufferte,
Ne put se réparer: le cas fut découvert.
Les voila sans crédit, sans argent, sans ressource,
  Prêts à porter le bonnet vert.
  Aucun ne leur ouvrit sa bourse,
Et le sort principal, & les gros intérêts,
  Et les sergens, & les procès,
  Et le créancier à la porte,
  Dès devant la pointe du jour,
N'occupoient le trio qu'à chercher maint détour,
  Pour contenter cette cohorte.
Le Buisson accrochoit les passans à tous coups:
Messieurs, leur disoit-il, de grace, apprenez-nous

Tome IV. Y

En quel lieu font les marchandifes
Que certains gouffres nous ont prifes?
Le Plongeon, fous les eaux s'en alloit les chercher.
L'oifeau Chauve-Souris n'ofoit plus approcher,
Pendant le jour, nulle demeure:
Suivi des fergens à toute heure,
En des trous il s'alloit cacher.

Je connois maint detteur, qui n'eft ni Souris-chauve,
Ni Buiffon, ni Canard, ni dans tel cas tombé,
Mais fimple grand feigneur, qui tous les jours fe fauve
Par un efcalier dérobé,

(*Fable* ccxx.)

LA QUERELLE DES CHIENS ET DES CHATS, ET CELLE DES CHATS ET DES SOURIS. Fab. CXXI. 2 Pl.

LA QUERELLE DES CHIENS ET DES CHATS, ET CELLE DES CHATS ET DES SOURIS. Fab.ccc

FABLE VIII.

LA QUERELLE DES CHIENS ET DES CHATS, ET CELLE DES CHATS ET DES SOURIS.

La discorde a toujours régné dans l'univers;
Notre monde en fournit mille exemples divers.
Chez nous cette déesse a plus d'un tributaire.
    Commençons par les Élémens:
Vous serez étonné de voir qu'à tous momens
    Ils feront appointés contraire.
    Outre ces quatre potentats,
    Combien d'êtres de tous états
    Se font une guerre éternelle?

Autrefois un logis plein de Chiens & de Chats,
Par cent arrêts rendus en forme solemnelle,
    Vit terminer tous leurs débats.
Le maître ayant réglé leurs emplois, leurs repas,
Et menacé du fouet quiconque auroit querelle,
Ces animaux vivoient entr'eux comme cousins:
Cette union si douce, & presque fraternelle,
    Édifioit tous les voisins.
Enfin elle cessa. Quelque plat de potage,
Quelque os, par préférence, à quelqu'un d'eux donné,
Fit que l'autre parti s'en vint tout forcené
    Représenter un tel outrage.
J'ai vû des croniqueurs attribuer le cas
Aux passe-droits qu'avoit une Chienne en gésine;
    Quoi qu'il en soit, cet altercas
Mit en combustion la salle & la cuisine:
Chacun se déclara pour son Chat, pour son Chien.
On fit un réglement dont les Chats se plaignirent,
    Et tout le quartier étourdirent.

Leur Avocat difoit, qu'il falloit bel & bien
Recourir aux arrêts. En vain ils les chercherent.
Dans un coin où d'abord leurs agens les cacherent,
  Les Souris enfin les mangerent.
Autre procès nouveau: le peuple Souriquois
En pâtit. Maint vieux Chat, fin, fubtil & narquois,
Et d'ailleurs en voulant à toute cette race,
  Les guetta, les prit, fit main baffe.
Le maître du logis ne s'en trouva que mieux.

J'en reviens à mon dire. On ne voit fous les cieux
Nul animal, nul être, aucune créature
Qui n'ait fon oppofé: c'eft la loi de nature.
D'en chercher la raifon, ce font foins fuperflus.
Dieu fit bien ce qu'il fit, & je n'en fçais pas plus.
  Ce que je fçais, c'eft qu'aux groffes paroles
On en vient, fur un rien, plus des trois quarts du temps.
Humains, il vous faudroit encore à foixante ans
  Renvoyer chez les Barbacoles.

(*Fable* CCXXI.)

FABLE IX.
LE LOUP
ET
LE RENARD.

FABLE IX.

LE LOUP ET LE RENARD.

D'où vient que perſonne en la vie
N'eſt ſatisfait de ſon état?
Tel voudroit bien être ſoldat,
A qui le ſoldat porte envie.

Certain Renard voulut, dit-on,
Se faire Loup. Hé, qui peut dire
Que pour le métier de mouton
Jamais aucun Loup ne ſoupire?

Ce qui m'étonne eſt qu'à huit ans,
Un Prince en fable ait mis la choſe,
Pendant que ſous mes cheveux blancs
Je fabrique à force de temps
Des vers moins ſenſés que ſa proſe.

Les traits dans ſa fable ſemés,
Ne ſont en l'ouvrage du poëte,
Ni tous, ni ſi bien exprimés.
Sa louange en eſt plus complette.

De la chanter ſur la muſette
C'eſt mon talent; mais je m'attens,
Que mon Héros, dans peu de temps,
Me fera prendre la trompette.

Je ne ſuis pas un grand prophete,
Cependant je lis dans les cieux,
Que bientôt ſes faits glorieux
Demanderont pluſieurs Homeres;

LE LOUP ET LE RENARD, Fable CCXXII.

LE LOUP ET LE RENARD. Fable CCXXII. 2.ᵉ Planche.

Et ce temps-ci n'en produit gueres.

Laiſſant à part tous ces myſteres,
Eſſayons de conter la fable avec ſuccès.

Le Renard dit au Loup: notre cher, pour tous mets
J'ai ſouvent un vieux coq, ou de maigres poulets:
  C'eſt une viande qui me laſſe.
Tu fais meilleure chére avec moins de haſard.
J'approche des maiſons: tu te tiens à l'écart.
Apprens-moi ton métier, camarade, de grace:
  Rends-moi le premier de ma race
Qui fourniſſe ſon croc de quelque mouton gras,
Tu ne me mettras point au nombre des ingrats.
Je le veux, dit le Loup: il m'eſt mort un mien frere,
Allons prendre ſa peau, tu t'en revêtiras.
Il vint, & le Loup dit: voici comme il faut faire,
Si tu veux écarter les mâtins du troupeau.
  Le Renard ayant mis la peau,
Répétoit les leçons que lui donnoit ſon maître.
D'abord il s'y prit mal, puis un peu mieux, puis bien:
  Puis enfin il n'y manqua rien.
A peine il fut inſtruit autant qu'il pouvoit l'être,
Qu'un troupeau s'approcha. Le nouveau Loup y court,
Et répand la terreur dans les lieux d'alentour.
  Tel vêtu des armes d'Achille,
Patrocle mit l'alarme au camp & dans la ville:
Meres, brus & vieillards au temple couroient tous.
L'oſt du peuple bêlant crut voir cinquante Loups:
Chien, berger & troupeau, tout fuit vers le village,
Et laiſſe ſeulement une brebis pour gage.
Le larron s'en ſaiſit. A quelque pas de là
Il entendit chanter un coq du voiſinage.
Le diſciple auſſi-tôt droit au coq s'en alla,
  Jettant bas ſa robe de claſſe,

Oubliant les brebis, les leçons, le régent,
    Et courant d'un pas diligent.

    Que fert-il qu'on fe contrefaffe?
Prétendre ainfi changer, eft une illufion:
    L'on reprend fa premiere trace
    A la premiere occafion.

    De votre efprit, que nul autre n'égale,
Prince, ma mufe tient tout entier ce projet.
    Vous m'avez donné le fujet,
    Le dialogue & la morale.

(*Fable* CCXXII.)

FABLE X.
L'ECREVISSE
ET
SA FILLE.

FABLE X.

L'Écrevisse et sa Fille.

Les Sages quelquefois, ainsi que l'Écrevisse,
Marchent à reculons, tournent le dos au port.
C'est l'art des matelots: c'est aussi l'artifice
De ceux qui pour couvrir quelque puissant effort,
Envisagent un point directement contraire,
Et font, vers ce lieu-là, courir leur adversaire.
Mon sujet est petit, cet accessoire est grand.
Je pourrois l'appliquer à certain Conquérant,
Qui tout seul déconcerte une ligue à cent têtes.
Ce qu'il n'entreprend pas, & ce qu'il entreprend,
N'est d'abord qu'un secret, puis devient des conquêtes.
En vain on a les yeux sur ce qu'il veut cacher,
Ce sont arrêts du sort qu'on ne peut empêcher,
Le torrent, à la fin, devient insurmontable.
Cent dieux sont impuissans contre un seul Jupiter.
Louis & le destin me semblent, de concert,
Entraîner l'univers. Venons à notre fable.

Mere Écrevisse un jour à sa fille disoit:
Comme tu vas, bon dieu! ne peux-tu marcher droit?
Et comme vous allez vous-même! dit la Fille:
Puis-je autrement marcher que ne fait ma famille?
Veut-on que j'aille droit quand on y va tortu?
   Elle avoit raison; la vertu
   De tout exemple domestique
   Est universelle, & s'applique
En bien, en mal, en tout; fait des sages, des sots;
Beaucoup plus de ceux-ci. Quant à tourner le dos
A son but, j'y reviens, la méthode en est bonne,
   Sur-tout au métier de Bellone:
   Mais il faut le faire à propos. *(Fable CCXXIII.)*

L'ECREVISSE ET SA FILLE. Fable CCXXIII.

FABLE XI.
L'AIGLE
ET
LA PIE.

FABLE XI.
L'Aigle et la Pie.

L'Aigle, reine des airs, avec Margot la Pie,
Différentes d'humeur, de langage & d'esprit,
   Et d'habit,
 Traversoient un bout de prairie.
Le hasard les assemble en un coin détourné.
L'Agasse eut peur: mais l'Aigle ayant fort bien dîné
La rassure, & lui dit: allons de compagnie.
Si le maître des dieux assez souvent s'ennuie,
  Lui, qui gouverne l'univers,
J'en puis bien faire autant, moi, qu'on sçait qui le sers.
Entretenez-moi donc, & sans cérémonie.
Caquet bon bec alors de jaser au plus drû:
Sur ceci, sur cela, sur tout. L'homme d'Horace
Disant le bien, le mal à travers champs, n'eût sçu
Ce qu'en fait de babil y sçavoit notre Agasse.
Elle offre d'avertir de tout ce qui se passe,
  Sautant, allant de place en place,
Bon espion, dieu sçait. Son offre ayant déplu,
  L'Aigle lui dit tout en colere:
  Ne quittez point votre séjour,
Caquet bon bec, ma mie: adieu, je n'ai que faire
  D'une babillarde à ma cour:
  C'est un fort méchant caractere.
  Margot ne demandoit pas mieux.
Ce n'est pas ce qu'on croit, que d'entrer chez les dieux:
Cet honneur a souvent de mortelles angoisses.
Rediseurs, espions, gens à l'air gracieux,
Au cœur tout différent, s'y rendent odieux;
Quoiqu'ainsi que la Pie, il faille dans ces lieux
  Porter habit de deux paroisses.

         (*Fable CCXXIV.*)

L'AIGLE ET LA PIE. Fable CCXXIV

LE ROY, LE MILAN ET LE CHASSEUR. Fable CCXXV. 2.e Planche.

LE ROY, LE MILAN ET LE CHASSEUR. à S.A.S. M.gr le Prince de Conty. Fable CCXXV.

FABLE XII.

LE ROI, LE MILAN, ET LE CHASSEUR.

A SON ALTESSE SÉRÉNISSIME MONSEIGNEUR LE PRINCE DE CONTI.

Comme les dieux sont bons, ils veulent que les rois
    Le soient aussi : c'est l'indulgence
    Qui fait le plus beau de leurs droits,
   Non les douceurs de la vengeance.
Prince, c'est votre avis. On sçait que le courroux
S'éteint en votre cœur si-tôt qu'on l'y voit naître.
Achille, qui du sien ne put se rendre maître,
    Fut par là moins héros que vous.
Ce titre n'appartient qu'à ceux d'entre les hommes,
Qui, comme en l'âge d'or, font cent biens ici-bas.
Peu de grands sont nés tels en cet âge où nous sommes.
L'univers leur sçait gré du mal qu'ils ne font pas.
    Loin que vous suiviez ces exemples,
Mille actes généreux vous promettent des temples.
Apollon, citoyen de ces augustes lieux,
Prétend y célébrer votre nom sur sa lyre.
Je sçais qu'on vous attend dans le palais des dieux :
Un siécle de séjour ici doit vous suffire.
Hymen veut séjourner tout un siécle chez vous.
    Puissent ses plaisirs les plus doux
    Vous composer des destinées
    Par ce temps à peine bornées !
Et la Princesse & vous, n'en méritez pas moins ;
    J'en prends ses charmes pour témoins :
    Pour témoins j'en prends les merveilles
Par qui le ciel, pour vous prodigue en ses présens,
De qualités qui n'ont qu'en vous seul leurs pareilles,

Voulut orner vos jeunes ans.
BOURBON de son esprit ses graces assaisonne.
  Le ciel joignit en sa personne
   Ce qui sçait se faire estimer,
  A ce qui sçait se faire aimer.
Il ne m'appartient pas d'étaler votre joie:
  Je me tais donc, & vais rimer
  Ce que fit un oiseau de proie.

Un Milan, de son nid antique possesseur,
  Étant pris vif par un Chasseur,
D'en faire au Prince un don cet homme se propose.
La rareté du fait donnoit prix à la chose.
L'Oiseau par le Chasseur humblement présenté,
  Si ce conte n'est apochryphe,
  Va tout droit imprimer sa griffe
  Sur le nez de sa Majesté.
Quoi, sur le nez du Roi? du Roi même en personne.
Il n'avoit donc alors ni sceptre ni couronne?
Quand il en auroit eu, ç'auroit été tout un.
Le nez royal fut pris pour un nez du commun.
Dire des courtisans les clameurs & la peine,
Seroit se consumer en efforts impuissans.
Le Roi n'éclata point: les cris sont indécens
  A la Majesté souveraine.
L'Oiseau garda son poste. On ne put seulement
  Hâter son départ d'un moment.
Son Maître le rappelle, & crie, & se tourmente,
Lui présente le leurre, & le poing, mais en vain.
  On crut que jusqu'au lendemain
Le maudit animal à la serre insolente,
  Nicheroit là malgré le bruit,
Et sur le nez sacré voudroit passer la nuit:
Tâcher de l'en tirer irritoit son caprice.
Il quitte enfin le Roi, qui dit: laissez aller

Ce Milan, & celui qui m'a cru régaler.
Ils se sont acquittés tous deux de leur office,
L'un en Milan, & l'autre en citoyen des bois.
Pour moi, qui sçais comment doivent agir les Rois,
  Je les affranchis du supplice.
Et la cour d'admirer. Les courtisans ravis
Élevent de tels faits, par eux si mal suivis.
Bien peu, même des Rois, prendroient un tel modele,
  Et le Veneur l'échappa belle,
Coupable seulement, tant lui que l'animal,
D'ignorer le danger d'approcher trop du maître.
  Ils n'avoient appris à connoître
Que les hôtes des bois : étoit-ce un si grand mal?

Pilpay fait, près du Gange, arriver l'aventure.
  Là nulle humaine créature
Ne touche aux animaux pour leur sang épancher;
Le Roi même feroit scrupule d'y toucher.
Sçavons-nous, disent-ils, si cet Oiseau de proie
  N'étoit point au siége de Troie?
Peut-être y tint-il lieu d'un prince ou d'un héros,
  Des plus hupés & des plus hauts.
Ce qu'il fut autrefois, il pourra l'être encore.
  Nous croyons après Pythagore,
Qu'avec les animaux de forme nous changeons,
  Tantôt milans, tantôt pigeons,
  Tantôt humains, puis volatilles
  Ayant dans les airs leurs familles.
  Comme l'on conte en deux façons
L'accident du Chasseur, voici l'autre maniere.

Un certain Fauconnier ayant pris, ce dit-on,
A la chasse un Milan, (ce qui n'arrive guere)
  En voulut au Roi faire un don,
  Comme de chose singuliere.

Ce cas n'arrive pas quelquefois en cent ans,
C'est le *non plus ultrà* de la fauconnerie.
Ce Chasseur perce donc un gros de courtisans,
Plein de zele, échauffé s'il le fut de sa vie.
      Par ce parangon des présens
      Il croyoit sa fortune faite,
      Quand l'animal porte-sonnette,
      Sauvage encor & tout grossier,
      Avec ses ongles tout d'acier,
Prend le nez du Chasseur, happe le pauvre sire.
      Lui de crier, chacun de rire,
Monarque & courtisans. Qui n'eût ri ? quant à moi,
Je n'en eusse quitté ma part pour un empire.
      Qu'un Pape rie, en bonne foi,
Je ne l'ose assurer : mais je tiendrois un Roi
      Bien malheureux s'il n'osoit rire :
C'est le plaisir des dieux. Malgré son noir sourci,
Jupiter, & le peuple immortel rit aussi.
Il en fit des éclats, à ce que dit l'histoire,
Quand Vulcain, clopinant, vint lui donner à boire.
Que le peuple immortel se montrât sage ou non,
J'ai changé mon sujet avec juste raison ;
      Car, puisqu'il s'agit de morale,
Que nous eût du Chasseur l'aventure fatale
Enseigné de nouveau ? l'on a vû de tout temps
Plus de sots Fauconniers, que de Rois indulgens.

(*Fable* ccxxv.)

FABLE XIII.
LE RENARD,
LES MOUCHES
ET
LE HÉRISSON.

FABLE XIII.

LE RENARD, LES MOUCHES ET LE HÉRISSON.

Aux traces de son sang, un vieux hôte des bois,
   Renard fin, subtil & matois,
Blessé par des chasseurs, & tombé dans la fange,
Autrefois attira ce parasite aîlé
   Que nous avons Mouche appellé.
Il accusoit les dieux, & trouvoit fort étrange
Que le sort à tel point le voulût affliger,
   Et le fît aux Mouches manger.
Quoi! se jetter sur moi, sur moi le plus habile
   De tous les hôtes des forêts?
Depuis quand les Renards sont-ils un si bon mets?
Et que me sert ma queue? est-ce un poids inutile?
Va, le ciel te confonde, animal importun:
   Que ne vis-tu sur le commun?
   Un Hérisson du voisinage,
   Dans mes vers nouveau personnage,
Voulut le délivrer de l'importunité
   Du peuple plein d'avidité.
Je les vais de mes dards enfiler par centaines,
Voisin Renard, dit-il, & terminer tes peines.
Garde-t-en bien, dit l'autre: ami, ne le fais pas:
Laisse-les, je te prie, achever leur repas.
Ces animaux sont saouls: une troupe nouvelle
Viendroit fondre sur moi, plus âpre & plus cruelle.

Nous ne trouvons que trop de mangeurs ici-bas:
Ceux-ci sont courtisans, ceux-là sont magistrats.
Aristote appliquoit cet apologue aux hommes.
   Les exemples en sont communs,
   Sur-tout au pays où nous sommes.
Plus telles gens sont pleins, moins ils sont importuns.
       (*Fable* CCXXVI.)

LE RENARD, LES MOUCHES, ET LE HERISSON. Fable CCXXVI.

L'AMOUR ET LA FOLIE. Fable CCXXVII.

FABLE XIV.

L'Amour et la Folie.

Tout est mystere dans l'Amour,
Ses fléches, son carquois, son flambeau, son enfance.
Ce n'est pas l'ouvrage d'un jour,
Que d'épuiser cette science.
Je ne prétens donc point tout expliquer ici.
Mon but est seulement de dire à ma maniere
Comment l'Aveugle que voici,
(C'est un dieu) comment, dis-je, il perdit la lumiere :
Quelle suite eut ce mal, qui peut-être est un bien.
J'en fais juge un amant, & ne décide rien.

La Folie & l'Amour jouoient un jour ensemble.
Celui-ci n'étoit pas encor privé des yeux.
Une dispute vint : l'Amour veut qu'on assemble
Là-dessus le conseil des dieux.
L'autre n'eut pas la patience.
Elle lui donne un coup si furieux,
Qu'il en perd la clarté des cieux.
Venus en demande vengeance.
Femme & mere, il suffit pour juger de ses cris :
Les dieux en furent étourdis,
Et Jupiter, & Némésis,
Et les juges d'enfer, enfin toute la bande.
Elle représenta l'énormité du cas.
Son fils, sans un bâton, ne pouvoit faire un pas.
Nulle peine n'étoit pour ce crime assez grande.
Le dommage devoit être aussi réparé.
Quand on eut bien considéré
L'intérêt du public, celui de la partie,

Le résultat enfin de la suprême cour
 Fut de condamner la Folie
 A servir de guide à l'Amour.

(*Fable* CCXXVII.)

FABLE XV.

LE CORBEAU,
LA GAZELLE, LA TORTUE
ET LE RAT.

FABLE XV.

Le Corbeau, la Gazelle, la Tortue et le Rat.

A Madame de la Sabliere.

Je vous gardois un temple dans mes vers:
Il n'eût fini qu'avecque l'univers.
Déja ma main en fondoit la durée
Sur ce bel art qu'ont les dieux inventé,
Et fur le nom de la Divinité
Que dans ce temple on auroit adorée:
Sur le portail j'aurois ces mots écrits;
PALAIS SACRÉ DE LA DÉESSE IRIS,
Non celle-là qu'a Junon à fes gages;
Car Junon même, & le maître des dieux,
Serviroient l'autre, & feroient glorieux
Du feul honneur de porter fes meſſages.
L'apothéofe à la voûte eût paru.
Là, tout l'Olympe en pompe eût été vû
Plaçant Iris fous un dais de lumiere.
Les murs auroient amplement contenu
Toute fa vie, agréable matiere,
Mais peu féconde en ces événemens
Qui des états font les renverſemens.
Au fond du temple eût été fon image,
Avec fes traits, fon foûris, fes appas,
Son art de plaire & de n'y penſer pas,
Ses agrémens à qui tout rend hommage.
J'aurois fait voir à fes pieds des mortels,
Et des héros, des demi-dieux encore,
Même des dieux: ce que le monde adore
Vient quelquefois parfumer fes autels.

LE CORBEAU, LA GAZELLE, LA TORTUE ET LE RAT, à M.de de la Sablière. Fable CCXXVIII.

LE CORBEAU, LA GAZELLE, LA TORTUE ET LE RAT. M.de la Sablière. Fable CCXXVIII. 2.ᵉ Pl.

LE CORBEAU, LA GAZELLE, LA TORTUE ET LE RAT à M.^{de} de la Sabliere. Fab. CCXXVIII. 3.e Pl.

J'euſſe en ſes yeux fait briller de ſon ame
Tous les tréſors, quoiqu'imparfaitement :
Car ce cœur vif & tendre infiniment,
Pour ſes amis, & non point autrement ;
Car cet eſprit qui, né du firmament
A beauté d'homme avec graces de femme,
Ne ſe peut pas, comme on veut, exprimer.
O vous, Iris, qui ſçavez tout charmer,
Qui ſçavez plaire en un dégré ſuprême,
Vous, que l'on aime à l'égal de ſoi-même,
(Ceci ſoit dit ſans nul ſoupçon d'amour,
Car c'eſt un mot hanni de votre cour,
Laiſſons-le donc) agréez que ma muſe
Acheve un jour cette ébauche confuſe.
J'en ai placé l'idée & le projet,
Pour plus de grace, au-devant d'un ſujet
Où l'amitié donne de telles marques,
Et d'un tel prix, que leur ſimple récit
Peut quelque temps amuſer votre eſprit.
Non que ceci ſe paſſe entre monarques :
Ce que chez vous nous voyons eſtimer
N'eſt pas un roi qui ne ſçait point aimer,
C'eſt un mortel qui ſçait mettre ſa vie
Pour ſon ami. J'en vois peu de ſi bons.
Quatre animaux, vivant de compagnie,
Vont aux humains en donner des leçons.

La Gazelle, le Rat, le Corbeau, la Tortue
Vivoient enſemble unis : douce ſociété.
Le choix d'une demeure aux humains inconnue
   Aſſuroit leur félicité.
Mais quoi, l'homme découvre enfin toutes retraites.
  Soyez au milieu des déſerts,
   Au fond des eaux, au haut des airs,
Vous n'éviterez point ſes embûches ſecrettes.

La Gazelle s'alloit ébattre innocemment,
  Quand un chien, maudit inſtrument
  Du plaiſir barbare des hommes,
Vint ſur l'herbe éventer les traces de ſes pas.
Elle fuit; & le Rat, à l'heure du repas,
Dit aux amis reſtans: d'où vient que nous ne ſommes
  Aujourd'hui que trois conviés?
La Gazelle déja nous a-t-elle oubliés?
  A ces paroles la Tortue
  S'écrie, & dit: ah! ſi j'étois,
  Comme un Corbeau, d'aîles pourvûe,
  Tout de ce pas je m'en irois
  Apprendre au moins quelle contrée,
  Quel accident tient arrêtée
  Notre compagne au pied léger:
Car, à l'égard du cœur, il en faut mieux juger.
  Le Corbeau part à tire-d'aîle:
Il apperçoit de loin l'imprudente Gazelle,
  Priſe au piége, & ſe tourmentant.
Il retourne avertir les autres à l'inſtant.
Car de lui demander quand, pourquoi, ni comment,
  Ce malheur eſt tombé ſur elle;
Et perdre en vains diſcours cet utile moment,
  Comme eût fait un maître d'école,
  Il avoit trop de jugement.
  Le Corbeau donc vole & revole.
  Sur ſon rapport les trois amis
  Tiennent conſeil. Deux ſont d'avis
  De ſe tranſporter ſans remiſe
  Aux lieux où la Gazelle eſt priſe.
L'autre, dit le Corbeau, gardera le logis:
Avec ſon marcher lent quand arriveroit-elle?
  Après la mort de la Gazelle.
Ces mots à peine dits, ils s'en vont ſecourir
  Leur chere & fidelle compagne,

Pauvre Chevrette de montagne.
La Tortue y voulut courir;
La voilà comme eux en campagne,
Maudiffant fes pieds courts avec jufte raifon,
Et la néceffité de porter fa maifon.
Rongemaille (le Rat eut à bon droit ce nom)
Coupe les nœuds du lacs : on peut penfer la joie.
Le Chaffeur vient, & dit : qui m'a ravi ma proie ?
Rongemaille, à ces mots, fe retire en un trou,
Le Corbeau fur un arbre, en un bois la Gazelle :
Et le Chaffeur à demi fou
De n'en avoir nulle nouvelle,
Apperçoit la Tortue, & retient fon courroux.
D'où vient, dit-il, que je m'effraie ?
Je veux qu'à mon fouper celle-ci me défraie.
Il la mit dans fon fac. Elle eût payé pour tous,
Si le Corbeau n'en eût averti la Chevrette.
Celle-ci quittant fa retraite,
Contrefait la boiteufe & vient fe préfenter.
L'homme de fuivre, & de jetter
Tout ce qui lui pefoit ; fi bien que Rongemaille
Autour des nœuds du fac tant opere & travaille
Qu'il délivre encor l'autre fœur
Sur qui s'étoit fondé le foupé du Chaffeur.

Pilpay conte qu'ainfi la chofe s'eft paffée.
Pour peu que je vouluffe invoquer Apollon,
J'en ferois, pour vous plaire, un ouvrage auffi long
Que l'Iliade ou l'Odiffée.
Rongemaille feroit le principal Héros,
Quoiqu'à vrai dire ici chacun foit néceffaire.
Porte-maifon l'infante y tient de tels propos,
Que monfieur du Corbeau va faire
Office d'efpion, & puis de meffager.
La Gazelle a d'ailleurs l'adreffe d'engager

Tome IV.

Le Chasseur à donner du temps à Rongemaille.
>Ainsi, chacun en son endroit
>S'entremet, agit & travaille.

A qui donner le prix? au cœur, si l'on m'en croit.
Que n'ose & que ne peut l'amitié violente!
Cet autre sentiment que l'on appelle Amour,
Mérite moins d'honneur : cependant chaque jour
>Je le célebre, & je le chante.

Hélas! il n'en rend pas mon ame plus contente.
Vous protégez sa sœur, il suffit; & mes vers
Vont s'engager pour elle à des tons tous divers.
Mon maître étoit l'Amour, j'en vais servir un autre;
>Et porter par tout l'univers
>Sa gloire aussi bien que la vôtre.

(*Fable* CCXXVIII.)

FABLE XVI.
LA FORÊT
ET
LE BUCHERON.

FABLE XVI.

LA FORÊT ET LE BUCHERON.

Un Bucheron venoit de rompre ou d'égarer
Le bois dont il avoit emmanché fa coignée.
Cette perte ne put fi-tôt fe réparer,
Que la Forêt n'en fût quelque temps épargnée.
  L'Homme enfin la prie humblement
  De lui laiffer tout doucement
  Emporter une unique branche
  Afin de faire un autre manche.
Il iroit employer ailleurs fon gagne-pain ;
Il laifferoit debout maint chêne & maint fapin,
Dont chacun refpectoit la vieilleffe & les charmes.
L'innocente Forêt lui fournit d'autres armes.
Elle en eut du regret. Il emmanche fon fer.
  Le Miferable ne s'en fert
  Qu'à dépouiller fa bienfaitrice
  De fes principaux ornemens.
  Elle gémit à tous momens.
  Son propre don fait fon fupplice.

Voilà le train du monde & de fes fectateurs :
On s'y fert du bienfait contre les bienfaiteurs.
Je fuis las d'en parler : mais que de doux ombrages
  Soient expofés à ces outrages,
  Qui ne fe plaindroit là-deffus !
Hélas ! j'ai beau crier, & me rendre incommode ;
  L'ingratitude & les abus
  N'en feront pas moins à la mode.

(Fabe CCXXIX.)

LA FORET ET LE BUCHERON. Fable CCXXIX.

LE RENARD, LE LOUP ET LE CHEVAL. Fable CCXXX

FABLE XVII.

LE RENARD, LE LOUP ET LE CHEVAL.

Un Renard jeune encor, quoique des plus madrés,
Vit le premier Cheval qu'il eût vû de sa vie.
Il dit à certain Loup, franc novice, accourez;
  Un animal paît dans nos prés,
Beau, grand, j'en ai la vûe encore toute ravie.
Est-il plus fort que nous? dit le Loup en riant:
  Fais-moi son portrait, je te prie.
Si j'étois quelque peintre, ou quelque étudiant,
Repartit le Renard, j'avancerois la joie
  Que vous aurez en le voyant.
Mais venez: que sçait-on? peut-être est-ce une proie
  Que la fortune nous envoie.
Ils vont; & le Cheval qu'à l'herbe on avoit mis,
Assez peu curieux de semblables amis,
Fut presque sur le point d'enfiler la venelle.
Seigneur, dit le Renard, vos humbles serviteurs
Apprendroient volontiers comment on vous appelle.
Le Cheval qui n'étoit dépourvû de cervelle,
Leur dit: lisez mon nom, vous le pouvez, Messieurs,
Mon Cordonnier l'a mis autour de ma semelle.
Le Renard s'excusa sur son peu de sçavoir.
Mes parens, reprit-il, ne m'ont point fait instruire.
Ils sont pauvres, & n'ont qu'un trou pour tout avoir.
Ceux du Loup, gros messieurs, l'ont fait apprendre à lire.
  Le Loup, par ce discours flatté,
  S'approcha; mais sa vanité
Lui coûta quatre dents. Le Cheval lui desserre
Un coup; & haut le pied. Voilà mon Loup par terre,
  Mal en point, sanglant & gâté.
Frere, dit le Renard, ceci nous justifie

Tome IV.

Ce que m'ont dit des gens d'esprit:
Cet animal vous a sur la mâchoire écrit,
Que de tout inconnu le sage se méfie.

(*Fable* ccxxx.)

FABLE XVIII.
LE RENARD
ET
LES POULETS D'INDE.

FABLE XVIII.

LE RENARD ET LES POULETS D'INDE.

Contre les affauts d'un Renard
Un arbre à des Dindons fervoit de citadelle.
Le perfide ayant fait tout le tour du rempart,
  Et vû chacun en fentinelle,
S'écria: quoi, ces gens fe moqueront de moi!
Eux feuls feront exemts de la commune loi!
Non, par tous les dieux, non. Il accomplit fon dire.
La lune alors luifant, fembloit contre le fire,
Vouloir favorifer la dindonniére gent.
Lui, qui n'étoit novice au métier d'afliégeant,
Eut recours à fon fac de rufes fcélérates,
Feignit vouloir gravir, fe guinda fur fes pattes,
Puis contrefit le mort, puis le reffufcité.
   Arlequin n'eût exécuté
   Tant de différens perfonnages.
Il élevoit fa queue, il la faifoit briller,
  Et cent mille autres badinages,
Pendant quoi nul Dindon n'eût ofé fommeiller.
L'ennemi les laffoit en leur tenant la vûe
  Sur même objet toujours tendue.
Les pauvres gens étant à la longue éblouis,
Toujours il en tomboit quelqu'un: autant de pris:
Autant de mis à part: près de moitié fuccombe.
Le Compagnon les porte en fon garde-manger.

Le trop d'attention qu'on a pour le danger,
  Fait le plus fouvent qu'on y tombe.

         (*Fable CCXXXI.*)

LE RENARD ET LES POULETS D'INDE. Fable CCXXXI.

FABLE XIX.

LE SINGE.

FABLE XIX.

Le Singe.

Il eſt un Singe dans Paris
A qui l'on avoit donné femme :
Singe en effet d'aucuns maris,
Il la battoit. La pauvre dame
En a tant foupiré qu'enfin elle n'eſt plus.
Leur fils fe plaint d'étrange forte,
Il éclate en cris fuperflus :
Le pere en rit : fa femme eſt morte.
Il a déja d'autres amours
Que l'on croit qu'il battra toujours.
Il hante la taverne, & fouvent il s'enyvre.

N'attendez rien de bon du peuple imitateur,
Qu'il foit Singe, ou qu'il faſſe un livre,
La pire eſpece c'eſt l'Auteur.

(*Fable CCXXXII.*)

LE SINGE. Fable CCXXXII.

LE PHILOSOPHE SCYTHE. Fable CCXXXIII

FABLE XX.

Le Philosophe Scythe.

Un Philosophe auſtère, & né dans la Scythie,
Se propoſant de ſuivre une plus douce vie,
Voyagea chez les Grecs, & vit en certains lieux
Un ſage aſſez ſemblable au vieillard de Virgile,
Homme égalant les rois, homme approchant des dieux,
Et, comme ces derniers, ſatisfait & tranquille.
Son bonheur conſiſtoit aux beautés d'un jardin.
Le Scythe l'y trouva, qui, la ſerpe à la main,
De ſes arbres à fruit retranchoit l'inutile,
Ébranchoit, émondoit, ôtoit ceci, cela,
  Corrigeant partout la nature
Exceſſive à payer ſes ſoins avec uſure.
  Le Scythe alors lui demanda,
Pourquoi cette ruine : étoit-il d'homme ſage
De mutiler ainſi ces pauvres habitans?
Quittez-moi votre ſerpe, inſtrument de dommage,
  Laiſſez agir la faux du temps:
Ils iront aſſez-tôt border le noir rivage.
J'ôte le ſuperflu, dit l'autre; & l'abattant,
  Le reſte en profite d'autant.
Le Scythe retourné dans ſa triſte demeure,
Prend la ſerpe à ſon tour, coupe & taille à toute heure:
Conſeille à ſes voiſins, preſcrit à ſes amis
  Un univerſel abattis.
Il ôte de chez lui les branches les plus belles,
Il tronque ſon verger contre toute raiſon,
  Sans obſerver temps ni ſaiſon,
  Lunes ni vieilles, ni nouvelles.
Tout languit & tout meurt. Ce Scythe exprime bien
  Un indiſcret Stoïcien.

FABLES CHOISIES.

Celui-ci retranche de l'ame
Defirs & paffions, le bon & le mauvais,
Jufqu'aux plus innocens fouhaits.
Contre de telles gens, quant à moi je reclame.
Ils ôtent à nos cœurs le principal reffort.
Ils font ceffer de vivre avant que l'on foit mort.

(*Fable* CCXXXIII.)

L'ELEPHANT ET LE SINGE DE JUPITER. Fable CCXXXIV.

FABLE XXI.

L'Éléphant et le Singe de Jupiter.

Autrefois l'Éléphant & le Rhinocéros,
En dispute du pas & des droits de l'empire,
Voulurent terminer la querelle en champ clos.
Le jour en étoit pris, quand quelqu'un vint leur dire
  Que le Singe de Jupiter,
Portant un caducée, avoit paru dans l'air.
Ce Singe avoit nom Gille, à ce que dit l'histoire.
  Aussi-tôt l'Éléphant de croire
  Qu'en qualité d'ambassadeur
  Il venoit trouver sa grandeur.
  Tout fier de ce sujet de gloire,
Il attend maître Gille, & le trouve un peu lent
  A lui présenter sa créance.
  Maître Gille enfin, en passant,
  Va saluer son excellence.
L'autre étoit préparé sur la légation;
  Mais pas un mot: l'attention
Qu'il croyoit que les dieux eussent à sa querelle,
N'agitoit pas encor chez eux cette nouvelle.
  Qu'importe à ceux du firmament
  Qu'on soit Mouche ou bien Éléphant?
Il se vit donc réduit à commencer lui-même.
Mon cousin Jupiter, dit-il, verra dans peu
Un assez beau combat de son trône suprême:
  Toute sa cour verra beau jeu.
Quel combat? dit le Singe, avec un front sévere.
L'Éléphant repartit: quoi, vous ne sçavez pas
Que le Rhinocéros me dispute le pas?
Qu'Éléphantide a guerre avecque Rhinocere?
Vous connoissez ces lieux, ils ont quelque renom.

Tome IV.

Vraiment je suis ravi d'en apprendre le nom,
Repartit maître Gille ; on ne s'entretient guere
De semblables sujets dans nos vastes lambris.
    L'Éléphant honteux & surpris,
Lui dit : & parmi nous, que venez-vous donc faire ?
Partager un brin d'herbe entre quelques fourmis.
Nous avons soin de tout : & quant à votre affaire,
On n'en dit rien encor dans le conseil des dieux.
Les petits & les grands sont égaux à leurs yeux.

(*Fable CCXXXIV.*)

FABLE XXII.

UN FOU
ET
UN SAGE.

FABLE XXII.

Un Fou et un Sage.

Certain Fou pourſuivoit à coups de pierre un Sage.
Le Sage ſe retourne, & lui dit: mon ami,
C'eſt fort bien fait à toi, reçois cet écu-ci :
Tu fatigues aſſez pour gagner davantage.
Toute peine, dit-on, eſt digne de loyer.
Vois cet homme qui paſſe, il a de quoi payer :
Adreſſe-lui tes dons, ils auront leur ſalaire.
Amorcé par le gain, notre Fou s'en va faire
   Même inſulte à l'autre bourgeois.
On ne le paya pas en argent cette fois.
Maint eſtafier accourt ; on vous happe notre homme,
   On vous l'échine, on vous l'aſſomme.

  Auprès des Rois il eſt de pareils Fous.
  A vos dépens ils font rire le maître.
  Pour réprimer leur babil, irez-vous
  Les maltraiter ? vous n'êtes pas peut-être
  Aſſez puiſſant. Il faut les engager
  A s'adreſſer à qui peut ſe venger.

(*Fable CCXXXV.*)

UN FOU ET UN SAGE. Fable. CCXXXV.

FABLE XXIII.
LE RENARD
ANGLOIS.

FABLE XXIII.

Le Renard Anglois.

A Madame Harvey.

Le bon cœur est chez vous compagnon du bon sens,
Avec cent qualités trop longues à déduire,
Une noblesse d'ame, un talent pour conduire
      Et les affaires & les gens,
Une humeur franche & libre, & le don d'être amie,
Malgré Jupiter même, & les temps orageux :
Tout cela méritoit un éloge pompeux :
Il en eût été moins, selon votre génie.
La pompe vous déplaît, l'éloge vous ennuie :
J'ai donc fait celui-ci court & simple. Je veux
      Y coudre encor un mot ou deux
      En faveur de votre patrie :
Vous l'aimez. Les Anglois pensent profondément,
Leur esprit en cela suit leur tempérament.
Creusant dans les sujets, & forts d'expériences,
Ils étendent par-tout l'empire des sciences.
Je ne dis point ceci pour vous faire ma cour.
Vos gens, à pénétrer, l'emportent sur les autres :
      Même les chiens de leur séjour
      Ont meilleur nez que n'ont les nôtres.
Vos Renards sont plus fins, je m'en vais le prouver
      Par un d'eux, qui, pour se sauver,
      Mit en usage un stratagême
Non encor pratiqué, des mieux imaginés.
Le scélérat réduit en un péril extrême,
Et presque mis à bout par ces Chiens au bon nez,
      Passa près d'un patibulaire.
      Là, des animaux ravissans,

LE RENARD ANGLOIS. Fable CCXXXVI.

Bléreaux, Renards, Hiboux, race encline à mal faire,
Pour l'exemple pendus, inftruifoient les paffans.
Leur confrere, aux abois, entre ces morts s'arrange.
Je crois voir Annibal qui, preffé des Romains,
Met leurs Chefs en défaut, ou leur donne le change,
Et fçait en vieux Renard s'échapper de leurs mains.
 Les Clefs de meute parvenues
A l'endroit où pour mort le traître fe pendit,
Remplirent l'air de cris : leur Maître les rompit,
Bien que de leurs abois ils perçaffent les nues.
Il ne put foupçonner ce tour affez plaifant.
Quelque terrier, dit-il, a fauvé mon galant.
Mes Chiens n'appellent point au-delà des colonnes
 Où font tant d'honnêtes perfonnes.
Il y viendra, le drôle. Il y vint, à fon dam.
 Voilà maint Baffet clabaudant;
Voilà notre Renard au charnier fe guindant.
Maître pendu croyoit qu'il en iroit de même
Que le jour qu'il tendit de femblables panneaux :
Mais le pauvret, ce coup, y laiffa fes houfeaux;
Tant il eft vrai qu'il faut changer de ftratagême.
Le Chaffeur, pour trouver fa propre fûreté,
N'auroit pas cependant un tel tour inventé ;
Non point par peu d'efprit : Eft-il quelqu'un qui nie
Que tout Anglois n'en ait bonne provifion ?
 Mais leur peu d'amour pour la vie
 Leur nuit en mainte occafion.

 Je reviens à vous, non pour dire
 D'autres traits fur votre fujet;
 Tout long éloge eft un projet
 Peu favorable pour ma lyre :
 Peu de nos chants, peu de nos vers
Par un encens flatteur amufent l'Univers;
Et fe font écouter des Nations étranges.

Votre Prince vous dit un jour,
Qu'il aimoit mieux un trait d'amour
Que quatre pages de louanges.
Agréez feulement le don que je vous fais
Des derniers efforts de ma Mufe :
C'eft peu de chofe : elle eft confufe
De ces ouvrages imparfaits.
Cependant ne pourriez-vous faire
Que le même hommage pût plaire
A celle qui remplit vos climats d'habitans
Tirés de l'Ifle de Cythere ?
Vous voyez par-là que j'entens
Mazarin, des Amours Déeffe tutélaire.

(*Fable* CCXXXVI.)

LE SOLEIL ET LES GRENOUILLES. Fable CCXXXVII.

FABLE XXIV.

LE SOLEIL ET LES GRENOUILLES.

IMITATION D'UNE FABLE LATINE.

Les filles du Limon tiroient du Roi des aftres
  Affiftance & protection.
Guerre ni pauvreté, ni femblables défaftres
Ne pouvoient approcher de cette nation.
Elle faifoit valoir en cent lieux fon empire.
Les reines des étangs, Grenoüilles, veux-je dire,
  (Car que coûte-il d'appeller
  Les chofes par noms honorables?)
Contre leur bienfaicteur oférent cabaler,
  Et devinrent infupportables.
L'imprudence, l'orgueil, & l'oubli des bienfaits,
  Enfans de la bonne fortune,
Firent bien-tôt crier cette troupe importune;
  On ne pouvoit dormir en paix.
    Si l'on eût cru leur murmure,
    Elles auroient, par leurs cris,
    Soulevé grands & petits
    Contre l'œil de la nature.
Le Soleil, à leur dire, alloit tout confumer,
  Il falloit promptement s'armer
  Et lever des troupes puiffantes.
Auffi-tôt qu'il faifoit un pas,
  Ambaffades croaffantes
  Alloient dans tous les états.
  A les oüir, tout le monde,
  Toute la machine ronde,
  Rouloit fur les intérêts
  De quatre méchans marais.

Cette plainte téméraire
Dure toujours, & pourtant
Grenoüilles doivent se taire,
Et ne murmurer pas tant;
Car si le Soleil se pique,
Il le leur fera sentir :
La République Aquatique
Pourroit bien s'en repentir.

(Fable CCXXXVII.)

FABLE XXV.
L'HYMENÉE
ET
L'AMOUR.

FABLE XXV.

L'Hymenée et l'Amour.

A leurs Altesses Sérénissimes Mademoiselle de Bourbon, et Monseigneur le Prince de Conti.

Hymenée & l'Amour vont conclure un Traité
Qui les doit rendre amis pendant longues années.
 Bourbon, jeune divinité,
Conty, jeune héros, joignent leurs destinées.
Condé l'avoit, dit-on, en mourant souhaité;
Ce guerrier qui transmet à son fils en partage
Son esprit, son grand cœur, avec un héritage
Dont la grandeur, non plus, n'est pas à méprifer,
Contemple avec plaisir de la voûte éthérée,
Que ce nœud s'accomplit, que le Prince l'agrée,
Que Louis aux Condé ne peut rien refuser.
Hymenée est vêtu de ses plus beaux atours.
Tout rit autour de lui, tout éclate de joye.
Il descend de l'Olympe environné d'Amours,
  Dont Conty doit être la proye;
  Vénus à Bourbon les envoye.
  Ils avoient l'air moins attrayant
  Le jour qu'elle sortit de l'onde,
  Et rendit surpris notre monde,
  De voir un peuple si brillant.
  Le chœur des Muses se prépare,
  On attend de leurs nourrissons
  Ce qu'un talent exquis & rare
  Fait estimer dans nos chansons.
  Apollon y joindra ses sons,
  Lui-même il apporte sa lyre.

L'HYMENÉE ET L'AMOUR, Fable CCXXXVIII.
A leurs A. S. M.lle de Bourbon et M.gr le Prince de Conty.

Déja l'amante de zéphyre
Et la Déeſſe du matin,
Des dons que le printems étale,
Commencent à parer la ſalle
Où ſe doit faire le feſtin.

O vous ! pour qui les dieux ont des ſoins ſi preſſans,
   BOURBON, aux charmes tout-puiſſans,
   Ainſi qu'à l'ame toute belle;
   CONTY, par qui ſont effacés
   Les héros des ſiecles paſſés;
Conſervez l'un pour l'autre une ardeur mutuelle.
Vous poſſédez tous deux ce qui plaît plus d'un jour,
Les graces & l'eſprit, ſeuls ſoutiens de l'amour.
   Dans la carriere aux époux aſſignée,
   Prince & Princeſſe, on trouve deux chemins;
   L'un de tiédeur, comme chez les humains;
   La paſſion à l'autre fut donnée.

   N'en ſortez point, c'eſt un état bien doux,
Mais peu durable en notre ame inquiéte.
L'amour s'éteint par le bien qu'il ſouhaite,
L'amant alors ſe comporte en époux.
   Ne ſçauroit-on établir le contraire,
   Et renverſer cette maudite loi ?
   Prince & Princeſſe, entreprenez l'affaire,
   Nul n'oſera prendre exemple ſur moi.
   De ce conſeil faites expérience,
   Soyez amans fideles & conſtans:
   S'il faut changer, donnez-vous patience,
   Et ne ſoyez époux qu'à ſoixante ans.
Vous ne changerez point, écoutez Calliope;
Elle a pour votre hymen dreſſé cette horoſcope.

   Pratiquer tous les agrémens

Qui des époux font des amans,
Employer fa grace ordinaire,
C'est ce que CONTY sçaura faire.
Rendre CONTY le plus heureux
Qui soit dans l'empire amoureux,
Trouver cent moyens de lui plaire,
C'est ce que BOURBON sçaura faire.

Apollon m'apprit l'autre jour
Qu'il naîtroit d'eux un jeune amour,
Plus beau que l'enfant de Cythere,
En un mot semblable à son Pere.
Former cet enfant sur les traits
Des modeles les plus parfaits,
C'est ce que BOURBON sçaura faire;
Mais de nous priver d'un tel bien,
C'est à quoi BOURBON n'entend rien.

(*Fable* CCXXXVIII.)

LA LIGUE DES RATS. Fable CCXXXIX.

FABLE XXVI.

La Ligue des Rats.

Une Souris craignoit un Chat,
    Qui dès long-tems la guettoit au paffage.
Que faire en cet état ? Elle, prudente & fage,
Confulte fon voifin ; c'étoit un maître Rat,
    Dont la rateufe Seigneurie
  S'étoit logée en bonne hôtellerie,
  Et qui cent fois s'étoit vanté, dit-on,
    De ne craindre ni chat ni chate,
    Ni coup de dent, ni coup de pate.
  Dame Souris, lui dit ce fanfaron,
    Ma foi, quoi que je faffe,
Seul je ne puis chaffer le chat qui vous menace :
  Mais affemblons tous les Rats d'alentour,
  Je lui pourrai jouer d'un mauvais tour.
  La Souris fait une humble révérence,
    Et le Rat court en diligence
A l'Office, qu'on nomme autrement la dépenfe,
    Où maints Rats affemblés
Faifoient aux frais de l'hôte une entiere bombance.
    Il arrive les fens troublés,
    Et tous les poumons effouflés.
Qu'avez-vous donc ? lui dit un de ces Rats ; parlez.
En deux mots, répond-il, ce qui fait mon voyage,
C'eft qu'il faut promptement fecourir la Souris ;
    Car Rominagrobis
  Fait en tous lieux un étrange carnage.
    Ce chat, le plus diable des chats,
S'il manque de Souris, voudra manger des Rats.
Chacun dit, il eft vrai. Sus, fus, courons aux armes.
Quelques Rates, dit-on, répandirent des larmes :

N'importe, rien n'arrête un ſi noble projet,
  Chacun ſe met en équipage;
Chacun mit dans ſon ſac un morceau de fromage;
Chacun promet enfin de riſquer le paquet.
    Ils alloient tous comme à la fête,
    L'eſprit content, le cœur joyeux.
    Cependant le Chat plus fin qu'eux,
  Tenoit déja la Souris par la tête.
    Ils s'avancerent à grand pas
    Pour ſecourir leur bonne amie:
    Mais le chat, qui n'en démord pas,
Gronde & marche au-devant de la troupe ennemie.
    A ce bruit, nos très-prudens Rats,
    Craignant mauvaiſe deſtinée,
Font, ſans pouſſer plus loin leur prétendu fracas,
    Une retraite fortunée.
    Chaque Rat rentre dans ſon trou:
Et ſi quelqu'un en ſort, gare encor le matou.

(*Fable CCXXXIX.*)

FABLE XXVII.
DAPHNIS
ET
ALCIMADURE.

FABLE XXVII.

Daphnis et Alcimadure.

Imitation de Theocrite.

A Madame de la Mesangere.

Aimable fille d'une mere
A qui feule aujourd'hui mille cœurs font la cour,
Sans ceux que l'amitié rend foigneux de vous plaire,
Et quelques-uns encor que vous garde l'amour,
  Je ne puis qu'en cette préface
  Je ne partage entre elle & vous
Un peu de cet encens qu'on recueille au parnaffe,
Et que j'ai le fecret de rendre exquis & doux.
  Je vous dirai donc.... Mais tout dire,
  Ce feroit trop, il faut choifir,
  Ménageant ma voix & ma lyre,
Qui bientôt vont manquer de force & de loifir.
Je loûrai feulement un cœur plein de tendreffe,
Ces nobles fentimens, ces graces, cet efprit:
Vous n'auriez en cela ni maître, ni maîtreffe,
Sans celle dont fur vous l'éloge rejaillit.
  Gardez d'environner ces rofes
  De trop d'épines. Si jamais
  L'Amour vous dit les mêmes chofes,
  'Il les dit mieux que je ne fais:
Auffi fçait-il punir ceux qui ferment l'oreille
  A fes confeils : vous l'allez voir.

  Jadis une jeune merveille
Méprifoit de ce Dieu le fouverain pouvoir:
  On l'appelloit Alcimadure,

DAPHNIS ET ALCIMADURE, Fable CCXL.

Fier & farouche objet, toujours courant aux bois,
Toujours sautant aux prés, dansant sur la verdure,
   Et ne connoissant autres loix
Que son caprice : au reste égalant les plus belles,
   Et surpassant les plus cruelles,
N'ayant trait qui ne plût, pas même en ses rigueurs.
Quelle l'eût-on trouvée au fort de ses faveurs!
Le jeune & beau Daphnis, berger de noble race,
L'aima pour son malheur : jamais la moindre grace,
Ni le moindre regard, le moindre mot enfin
Ne lui fut accordé par ce cœur inhumain.
Las de continuer une poursuite vaine,
   Il ne songea plus qu'à mourir :
   Le désespoir le fit courir
   A la porte de l'inhumaine.
Hélas! ce fut aux vents qu'il raconta sa peine;
   On ne daigna lui faire ouvrir
Cette maison fatale, où, parmi ses compagnes,
L'ingrate, pour le jour de sa nativité,
   Joignoit aux fleurs de sa beauté
Les trésors des jardins & des vertes campagnes:
J'espérois, cria-t-il, expirer à vos yeux,
   Mais je vous suis trop odieux,
Et ne m'étonne pas qu'ainsi que tout le reste,
Vous me refusiez même un plaisir si funeste.
Mon pere, après ma mort, & je l'en ai chargé,
   Doit mettre à vos pieds l'héritage
   Que votre cœur a négligé.
Je veux que l'on y joigne aussi le pâturage,
   Tous mes troupeaux avec mon chien;
   Et que du reste de mon bien
   Mes compagnons fondent un temple,
   Où votre image se contemple,
Renouvellant de fleurs l'autel à tout moment.
J'aurai, près de ce temple, un simple monument:

On gravera fur la bordure ;
Daphnis mourut d'amour ; paffant, arrête-toi :
Pleure, & di : celui-ci fuccomba fous la loi
De la cruelle Alcimadure.
A ces mots, par la parque il fe fentit atteint :
Il auroit pourfuivi, la douleur le prévint :
Son ingrate fortit triomphante & parée.
On voulut, mais en vain, l'arrêter un moment,
Pour donner quelques pleurs au fort de fon amant.
Elle infulta toujours au fils de cythérée,
Menant, dès ce foir même, au mépris de fes loix,
Ses compagnes danfer autour de fa ftatue.
Le Dieu tomba fur elle, & l'accabla du poids :
Une voix fortit de la nue,
Echo redit ces mots dans les airs épandus :
Que tout aime à préfent, l'Infenfible n'eft plus.
Cependant de Daphnis l'ombre au Styx defcendue,
Frémit, & s'étonna la voyant accourir.
Tout l'érebe entendit cette belle homicide
S'excufer au berger qui ne daigna l'oüir,
Non plus qu'Ajax Ulyffe, & Didon fon perfide.

(*Fable* CCXL.)

PHILEMON ET BAUCIS. À MGR. LE DUC DE VENDOSME. Fable CCXLI.

FABLE XXVIII.

Philémon et Baucis.

A Monseigneur le Duc de Vendosme.

Ni l'or, ni la grandeur ne nous rendent heureux :
Ces deux divinités n'accordent à nos vœux
Que des biens peu certains, qu'un plaifir peu tranquille,
Des foucis dévorans c'eft l'éternel afyle,
Véritable vautour que le fils de Japet
Repréfente enchaîné fur fon trifte fommet.
L'humble toit eft exempt d'un tribut fi funefte;
Le Sage y vit en paix, & méprife le refte.
Content de fes douceurs, errant parmi les bois,
Il regarde à fes pieds les favoris des rois;
Il lit au front de ceux qu'un vain luxe environne,
Que la fortune vend ce qu'on croit qu'elle donne.
Approche-t-il du but, quitte-t-il ce féjour;
Rien ne trouble fa fin, c'eft le foir d'un beau jour.
Philémon & Baucis nous en offrent l'exemple,
Tous deux virent changer leur cabane en un temple.
Hymenée & l'amour, par des defirs conftans,
Avoient uni leurs cœurs dès leur plus doux printemps :
Ni le temps, ni l'hymen n'éteignirent leur flamme;
Cloton prenoit plaifir à filer cette trame.
Ils fçurent cultiver, fans fe voir affiftés,
Leur enclos & leur champ par deux fois vingt Étés.
Eux feuls ils compofoient toute leur république :
Heureux de ne devoir à pas un domeftique
Le plaifir ou le gré des foins qu'ils fe rendoient !
Tout vieillit : fur leur front les rides s'étendoient;
L'amitié modéra leurs feux fans les détruire,
Et par des traits d'amour fçut encor fe produire.

Ils habitoient un bourg plein de gens, dont le cœur
Joignoit aux duretés un fentiment moqueur.
Jupiter réfolut d'abolir cette engeance.
Il part avec fon fils, le Dieu de l'Eloquence,
Tous deux en pélerins vont vifiter ces lieux;
Mille logis y font, un feul ne s'ouvre aux Dieux.
Prêts enfin de quitter un féjour fi profane,
Ils virent à l'écart une étroite cabane,
Demeure hofpitaliere, humble & chafte maifon.
Mercure frappe, on ouvre : auffi-tôt Philémon
Vient au devant des Dieux, & leur tient ce langage:
Vous me femblez tous deux fatigués du voyage,
Repofez-vous : ufez du peu que nous avons :
L'aide des Dieux a fait que nous le confervons,
Ufez-en : faluez ces pénates d'argille.
Jamais le ciel ne fut aux humains fi facile,
Que quand Jupiter même étoit de fimple bois:
Depuis qu'on l'a fait d'or, il eft fourd à nos voix.
Baucis, ne tardez point, faites tiédir cette onde;
Encor que le pouvoir au defir ne réponde,
Nos hôtes agréront les foins qui leur font dûs.
Quelques reftes de feu fous la cendre épandus,
D'un fouffle haletant par Baucis s'allumerent :
Des branches de bois fec auffi-tôt s'enflammerent.
L'onde tiéde, on lava les pieds des Voyageurs.
Philémon les pria d'excufer ces longueurs;
Et pour tromper l'ennui d'une attente importune,
Il entretint les Dieux, non point fur la fortune,
Sur fes jeux, fur la pompe & la grandeur des rois,
Mais fur ce que les champs, les vergers & les bois
Ont de plus innocent, de plus doux, de plus rare:
Cependant, par Baucis, le feftin fe prépare.
La table où l'on fervit le champêtre repas,
Fut d'ais non-façonnés à l'aide du compas:
Encore affure-t-on, fi l'Hiftoire en eft crue,

Qu'en un de fes fupports le temps l'avoit rompue.
Baucis en égala les appuis chancelans
Du débris d'un vieux vafe, autre injure des ans.
Un tapis tout ufé couvrit deux efcabelles:
Il ne fervoit pourtant qu'aux fêtes folemnelles.
Le linge orné de fleurs fut couvert, pour tout mets,
D'un peu de lait, de fruits, & des dons de Cérès.
Les divins voyageurs altérés de leur courfe,
Mêloient au vin groffier le cryftal d'une fource.
Plus le vafe verfoit, moins il s'alloit vuidant.
Philémon reconnut ce miracle évident:
Baucis n'en fit pas moins : tous deux s'agenouillerent;
A ce figne d'abord leurs yeux fe deffillerent.
Jupiter leur parut avec ces noirs fourcils
Qui font trembler les cieux fur leurs poles affis.
Grand Dieu, dit Philémon, excufez notre faute.
Quels humains auroient crû recevoir un tel hôte!
Ces mets, nous l'avouons, font peu délicieux,
Mais quand nous ferions rois, que donner à des Dieux?
C'eft le cœur qui fait tout : que la terre & que l'onde
Apprêtent un repas pour les maîtres du monde,
Ils lui préféreront les feuls préfens du cœur.
Baucis fort à ces mots pour réparer l'erreur;
Dans le verger couroit une perdrix privée,
Et par de tendres foins dès l'enfance élevée:
Elle en veut faire un mets, & la pourfuit en vain;
La volatille échappe à fa tremblante main :
Entre les pieds des Dieux elle cherche un afyle :
Ce recours, à l'oifeau, ne fut pas inutile :
Jupiter intercéde. Et déja les vallons
Voyoient l'ombre en croiffant tomber du haut des monts.
Les Dieux fortent enfin, & font fortir leurs hôtes.
De ce Bourg, dit Jupin, je veux punir les fautes:
Suivez-nous : Toi, Mercure, appelle les vapeurs.
O gens durs ! vous n'ouvrez vos logis, ni vos cœurs.

Il dit ; & les Autans troublent déja la plaine.
Nos deux Epoux fuivoient, ne marchant qu'avec peine.
Un appui de rofeau foulageoit leurs vieux ans.
Moitié fecours des Dieux, moitié peur, fe hâtans,
Sur un mont affez proche enfin ils arriverent.
A leurs pieds auffi-tôt cent nuages creverent.
Des miniftres du Dieu les efcadrons flottans
Entraînerent fans choix animaux, habitans,
Arbres, maifons, vergers, toute cette demeure :
Sans veftige du bourg, tout difparut fur l'heure.
Les vieillards déploroient ces févères deftins.
Les animaux périr ! car encor les humains,
Tous avoient dû tomber fous les céleftes armes ;
Baucis en répandit en fecret quelques larmes.
Cependant l'humble toit devient temple, & fes murs
Changent leur frêle enduit en marbres les plus durs.
De pilaftres maffifs les cloifons revêtues,
En moins de deux inftans s'élevent jufqu'aux nues ;
Le chaume devient or, tout brille en ce pourpris :
Tous ces événemens font peints fur les lambris.
Loin, bien loin les tableaux de Zeuxis & d'Apelle,
Ceux-ci furent tracés d'une main immortelle.
Nos deux Epoux furpris, étonnés, confondus,
Se crurent, par miracle, en l'olympe rendus.
Vous comblez, dirent-ils, vos moindres créatures :
Aurions-nous bien le cœur & les mains affez pures,
Pour préfider ici fur les honneurs divins,
Et Prêtres, vous offrir les vœux des pélerins ?
Jupiter exauça leur priere innocente.
Hélas ! dit Philémon, fi votre main puiffante
Vouloit favorifer jufqu'au bout deux mortels,
Enfemble nous mourrions en fervant vos autels ;
Cloton feroit d'un coup ce double facrifice ;
D'autres mains nous rendroient un vain & trifte office :
Je ne pleurerois point celle-ci, ni fes yeux

Ne troubleroient non plus de leurs larmes ces lieux.
Jupiter, à ce vœu, fut encor favorable :
Mais oserai-je dire un fait presque incroyable ?
Un jour qu'assis tous deux dans le sacré parvis,
Ils contoient cette histoire aux pélerins ravis,
La troupe à l'entour d'eux debout prêtoit l'oreille.
Philémon leur disoit : ce lieu plein de merveille
N'a pas toujours servi de temple aux Immortels.
Un bourg étoit autour, ennemi des autels,
Gens barbares, gens durs, habitacles d'impies :
Du céleste courroux tous furent les hosties ;
Il ne resta que nous d'un si triste débris :
Vous en verrez tantôt la suite en nos lambris :
Jupiter l'y peignit. En contant ces annales,
Philémon regardoit Baucis par intervalles :
Elle devenoit arbre, & lui tendoit les bras ;
Il veut lui tendre aussi les siens, & ne peut pas.
Il veut parler, l'écorce a sa langue pressée :
L'un & l'autre se dit adieu de la pensée ;
Le corps n'est tantôt plus que feuillage & que bois.
D'étonnement la troupe, ainsi qu'eux, perd la voix ;
Même instant, même sort à leur fin les entraîne :
Baucis devient tilleul, Philémon devient chêne.
On les va voir encore, afin de mériter
Les douceurs qu'en hymen Amour leur fit goûter.
Ils courbent sous le poids des offrandes sans nombre.
Pour peu que des époux séjournent sous leur ombre,
Ils s'aiment jusqu'au bout, malgré l'effort des ans.
Ah ! si... Mais autre part j'ai porté mes présens.
Célébrons seulement cette métamorphose.
De fideles témoins m'ayant conté la chose,
Clio me conseilla de l'étendre en ces vers,
Qui pourront quelque jour l'apprendre à l'univers.
Quelque jour on verra chez les races futures,
Sous l'appui d'un grand nom passer ces aventures.

Vendôme, confentez au los que j'en attens;
Faites-moi triompher de l'envie & du temps.
Enchaînez ces Démons, que fur nous ils n'attentent,
Ennemis des Héros & de ceux qui les chantent.
Je voudrois pouvoir dire en un ftyle affez haut,
Qu'ayant mille vertus, vous n'avez nul défaut.
Toutes les célébrer feroit œuvre infinie:
L'entreprife demande un plus vafte génie;
Car quel mérite enfin ne vous fait eftimer,
Sans parler de celui qui force à vous aimer?
Vous joignez à ces dons l'amour des beaux ouvrages;
Vous y joignez un goût plus fûr que nos fuffrages;
Don du ciel, qui peut feul tenir lieu des préfens
Que nous font à regret le travail & les ans.
Peu de gens élevés, peu d'autres encor même,
Font voir par ces faveurs que Jupiter les aime.
Si quelque enfant des Dieux les poffédé, c'eft vous;
Je l'ofe, dans ces vers, foutenir devant tous.
Clio, fur fon giron, à l'exemple d'Homere,
Vient de les retoucher, attentive à vous plaire:
On dit qu'elle & fes fœurs, par l'ordre d'Apollon,
Tranfportent dans Anet tout le facré vallon:
Je le crois. Puiffions-nous chanter fous les ombrages
Des arbres dont ce lieu va border fes rivages!
Puffent-ils, tout d'un coup, élever leurs fourcils,
Comme on vit autrefois Philémon & Baucis!

(*Fable* CCXLI.)

LES FILLES DE MINÉE. Fable CCXLII.

FABLE XXIX.

Les Filles de Minée.

Je chante dans mes vers les Filles de Minée,
Troupe aux arts de Pallas dès l'enfance adonnée,
Et de qui le travail fit entrer en courroux
Bacchus, à juſte droit, de ſes honneurs jaloux.
Tout Dieu veut aux humains ſe faire reconnoître.
On ne voit point les champs répondre aux ſoins du maître,
Si dans les jours ſacrés, autour de ſes guérets,
Il ne marche en triomphe en l'honneur de Cérès.

La Grece étoit en jeux pour le fils de Sémele.
Seules on vit trois ſœurs condamner ce ſaint zéle.
Alcithoé l'aînée, ayant pris ſes fuſeaux,
Dit aux autres : quoi donc, toujours des Dieux nouveaux ?
L'olympe ne peut plus contenir tant de têtes,
Ni l'an fournir de jours aſſez pour tant de fêtes.
Je ne dis rien des vœux dûs aux travaux divers
De ce Dieu qui purgea de monſtres l'univers :
Mais à quoi ſert Bacchus, qu'à cauſer des querelles,
Affoiblir les plus ſains, enlaidir les plus belles,
Souvent mener au Styx par de triſtes chemins ?
Et nous irons chommer la peſte des humains ?
Pour moi, j'ai réſolu de pourſuivre ma tâche.
Se donne ce jour-ci qui voudra du relâche,
Ces mains n'en prendront point. Je ſuis encor d'avis
Que nous rendions le temps moins long par des récits.
Toutes trois, tour à tour, racontons quelque hiſtoire.
Je pourrois retrouver ſans peine en ma mémoire
Du monarque des Dieux les divers changemens ;
Mais comme chacun ſçait tous ces événemens,
Diſons ce que l'amour inſpire à nos pareilles :

Non toutefois qu'il faille en contant fes merveilles,
Accoûtumer nos cœurs à goûter fon poifon,
Car, ainfi que Bacchus, il trouble la raifon.
Récitons-nous les maux que fes biens nous attirent.
Alcithoé fe tut, & fes fœurs applaudirent.

Après quelques momens, hauffant un peu la voix,
Dans Thebes, reprit-elle, on conte qu'autrefois
Deux jeunes cœurs s'aimoient d'une égale tendreffe :
Pyrame, c'eft l'Amant, eut Thifbé pour maîtreffe.
Jamais couple ne fut fi bien afforti qu'eux :
L'un bien fait, l'autre belle, agréables tous deux,
Tous deux dignes de plaire, ils s'aimerent fans peine,
D'autant pluftôt épris, qu'une invincible haine
Divifant leurs parens, ces deux amans unit,
Et concourut aux traits dont l'amour fe fervit.
Le hazard, non le choix, avoit rendu voifines
Leurs maifons où régnoient ces guerres inteftines :
Ce fut un avantage à leurs defirs naiffans.
Le cours en commença par des jeux innocens ;
La premiere étincelle eut embrafé leur ame,
Qu'ils ignoroient encor ce que c'étoit que flamme.
Chacun favorifoit leurs tranfports mutuels,
Mais c'étoit à l'infçu de leurs parens cruels.
La défenfe eft un charme : on dit qu'elle affaifonne
Les plaifirs, & furtout ceux que l'amour nous donne.
D'un des logis à l'autre, elle inftruifit du moins
Nos amans à fe dire avec figne leurs foins.
Ce léger reconfort ne les put fatisfaire ;
Il fallut recourir à quelque autre myftere.
Un vieux mur entr'ouvert féparoit leurs maifons,
Le temps avoit miné fes antiques cloifons :
Là, fouvent de leurs maux ils déploroient la caufe ;
Les paroles paffoient, mais c'étoit peu de chofe.
Se plaignant d'un tel fort, Pyrame dit un jour :

Chere Thisbé, le ciel veut qu'on s'aide en amour.
Nous avons à nous voir une peine infinie:
Fuyons de nos parens l'injuste tyrannie:
J'en ai d'autres en Gréce, ils se tiendront heureux
Que vous daigniez chercher un asyle chez eux:
Leur amitié, leurs biens, leur pouvoir, tout m'invite
A prendre le parti dont je vous sollicite.
C'est votre seul repos qui me le fait choisir,
Car je n'ose parler, hélas! de mon desir:
Faut-il à votre gloire en faire un sacrifice?
De crainte de vains bruits, faut-il que je languisse?
Ordonnez, j'y consens ; tout me semblera doux;
Je vous aime, Thisbé, moins pour moi que pour vous.
J'en pourrois dire autant, lui repartit l'amante;
Votre amour étant pure encor que véhémente,
Je vous suivrai par-tout : notre commun repos
Me doit mettre au-dessus de tous les vains propos.
Tant que de ma vertu je serai satisfaite,
Je rirai des discours d'une langue indiscrette,
Et m'abandonnerai sans crainte à votre ardeur,
Contente que je suis des soins de ma pudeur.
Jugez ce que sentit Pyrame à ces paroles !
Je n'en fais point ici de peintures frivoles.
Suppléez au peu d'art que le ciel mit en moi:
Vous-même peignez-vous cet amant hors de soi.
Demain, dit-il, il faut sortir avant l'aurore;
N'attendez point les traits que son char fait éclore:
Trouvez-vous aux degrés du terme de Cérès:
Là, nous nous attendrons : le rivage est tout près:
Une barque est au bord, les rameurs, le vent même,
Tout, pour notre départ, montre une hâte extrême;
L'augure en est heureux, notre sort va changer;
Et les Dieux sont pour nous, si je sçais bien juger.
Thisbé consent à tout : elle en donne pour gage
Deux baisers, par le mur, arrêtés au passage.

Tome IV.   P p

Heureux mur ! tu devois servir mieux leur désir ;
Ils n'obtinrent de toi qu'une ombre de plaisir.
Le lendemain Thisbé sort & prévient Pyrame ;
L'impatience, hélas ! maîtresse de son ame,
La fait arriver seule & sans guide aux degrés ;
L'ombre & le jour luttoient dans les champs azurés.
Une lionne vint, monstre imprimant la crainte,
D'un carnage récent sa gueule est toute teinte.
Thisbé fuit ; & son voile emporté par les airs,
Source d'un sort cruel, tombe dans ces déserts.
La lionne le voit, le souille, le déchire ;
Et l'ayant teint de sang, aux forêts se retire.
Thisbé s'étoit cachée en un buisson épais.
Pyrame arrive, & voit ces vestiges tous frais.
O Dieux ! Que devient-il ? Un froid court dans ses veines,
Il apperçoit le voile étendu dans ces plaines :
Il le leve ; & le sang joint aux traces des pas,
L'empêche de douter d'un funeste trépas.
Thisbé, s'écria-t-il, Thisbé, je t'ai perdue !
Te voila, par ma faute, aux Enfers descendue !
Je l'ai voulu ; c'est moi. qui suis le monstre affreux
Par qui tu t'en vas voir le séjour ténébreux :
Attends-moi, je te vais rejoindre aux rives sombres ;
Mais m'oserai-je à toi présenter chez les ombres ?
Jouis au moins du sang que je te vais offrir,
Malheureux de n'avoir qu'une mort à souffrir.
Il dit, & d'un poignard coupe aussi-tôt sa trame.
Thisbé vient ; Thisbé voit tomber son cher Pyrame.
Que devient-elle aussi ? Tout lui manque à la fois,
Les sens & les esprits aussi bien que la voix.
Elle revient enfin ; Cloton, pour l'amour d'elle,
Laisse à Pyrame ouvrir sa mourante prunelle.
Il ne regarde point la lumiere des cieux :
Sur Thisbé seulement il tourne encor les yeux.
Il voudroit lui parler, sa langue est retenue :

Il témoigne mourir content de l'avoir vue.
Thisbé prend le poignard ; & découvrant son sein,
Je n'accuserai point, dit-elle, ton dessein,
Bien moins encor l'erreur de ton ame alarmée :
Ce seroit t'accuser de m'avoir trop aimée.
Je ne t'aime pas moins : tu vas voir que mon cœur
N'a, non plus que le tien, mérité son malheur.
Cher amant, reçois donc ce triste sacrifice.
Sa main & le poignard font alors leur office :
Elle tombe, & tombant range ses vêtemens,
Dernier trait de pudeur, même aux derniers momens.
Les Nymphes d'alentour lui donnerent des larmes ;
Et du sang des amans teignirent par des charmes
Le fruit d'un Murier proche, & blanc jusqu'à ce jour,
Eternel monument d'un si parfait amour.
Cette histoire attendrit les filles de Minée :
L'une accusoit l'amant, l'autre la destinée ;
Et toutes, d'une voix, conclurent que nos cœurs
De cette passion devroient être vainqueurs.
Elle meurt quelquefois avant qu'être contente :
L'est-elle ? Elle devient aussi-tôt languissante.
Sans l'hymen on n'en doit recueillir aucun fruit,
Et cependant l'hymen est ce qui la détruit.
Il y joint, dit Climene, une âpre jalousie,
Poison le plus cruel dont l'ame soit saisie.
Je n'en veux pour témoin que l'erreur de Procris.
Alcithoé ma sœur, attachant vos esprits,
Des tragiques amours vous a conté l'élite ;
Celles que je vais dire ont aussi leur mérite.
J'accourcirai le temps, ainsi qu'elle, à mon tour.
Peu s'en faut que Phœbus ne partage le jour ;
A ses rayons perçans opposons quelques voiles :
Voyons combien nos mains ont avancé nos toiles.
Je veux que sur la mienne, avant que d'être au soir,
Un progrès tout nouveau se fasse appercevoir :

Cependant donnez-moi quelque heure de silence,
Ne vous rebutez point de mon peu d'éloquence ;
Souffrez-en les défauts ; & songez seulement
Au fruit qu'on peut tirer de cet événement.

Céphale aimoit Procris, il étoit aimé d'elle :
Chacun se proposoit leur hymen pour modele :
Ce qu'amour fait sentir de piquant & de doux,
Combloit abondamment les vœux de ces époux :
Ils ne s'aimoient que trop : leurs soins & leur tendresse
Approchoient des transports d'amant & de maîtresse ;
Le ciel même envia cette félicité :
Céphale eut à combattre une Divinité.
Il étoit jeune & beau, l'Aurore en fut charmée,
N'étant pas à ces biens, chez elle, accoûtumée.
Nos belles cacheroient un pareil sentiment :
Chez les Divinités on en use autrement.
Celle-ci déclara son amour à Céphale.
Il eut beau lui parler de la foi conjugale ;
Les jeunes Déïtés qui n'ont qu'un vieil époux,
Ne se soumettent point à ces loix, comme nous.
La Déesse enleva ce héros si fidele :
De modérer ses feux il pria l'immortelle.
Elle le fit : l'amour devint simple amitié :
Retournez, dit l'Aurore, avec votre moitié ;
Je ne troublerai plus votre ardeur ni la sienne :
Recevez seulement ces marques de la mienne.
(C'étoit un javelot toujours sûr de ses coups.)
Un jour cette Procris, qui ne vit que pour vous,
Fera le désespoir de votre ame charmée,
Et vous aurez regret de l'avoir tant aimée.
Tout oracle est douteux, & porte un double sens ;
Celui-ci mit d'abord notre époux en suspens :
J'aurai regret aux vœux que j'ai formés pour elle ?
Et comment ? N'est-ce point qu'elle m'est infidelle ?

Ah ! finiſſent mes jours pluſtôt que de le voir !
Eprouvons toutefois ce que peut ſon devoir.
Des Mages auſſi-tôt conſultant la ſcience,
D'un feint adoleſcent il prend la reſſemblance,
S'en va trouver Procris, éleve juſqu'aux cieux
Ses beautés, qu'il ſoutient être dignes des dieux,
Joint les pleurs aux ſoupirs, comme un amant ſçait faire,
Et ne peut s'éclaircir par cet art ordinaire.
Il fallut recourir à ce qui porte coup,
Aux préſens : il offrit, donna, promit beaucoup,
Promit tant que Procris lui parut incertaine.
Toute choſe a ſon prix : voila Céphale en peine ;
Il renonce aux cités, s'en va dans les forêts,
Conte aux vents, conte aux bois ſes déplaiſirs ſecrets ;
S'imagine, en chaſſant, diſſiper ſon martyre ;
C'étoit pendant ces mois où le chaud qu'on reſpire
Oblige d'implorer l'haleine des zéphirs.
Doux vents, s'écrioit-il, prêtez-moi des ſoupirs,
Venez, légers démons, par qui nos champs fleuriſſent :
Aure, fais-les venir : je ſçais qu'ils t'obéiſſent ;
Ton emploi dans ces lieux eſt de tout ranimer.
On l'entendit, on crut qu'il venoit de nommer
Quelque objet de ſes vœux, autre que ſon épouſe.
Elle en eſt avertie, & la voila jalouſe.
Maint voiſin charitable entretient ſes ennuis :
Je ne le puis plus voir, dit-elle, que les nuits.
Il aime donc cette Aure, & me quitte pour elle ?
Nous vous plaignons ; il l'aime, & ſans ceſſe il l'appelle ;
Les échos de ces lieux n'ont plus d'autres emplois
Que celui d'enſeigner le nom d'Aure à nos bois.
Dans tous les environs le nom d'Aure réſonne.
Profitez d'un avis qu'en paſſant on vous donne.
L'intérêt qu'on y prend eſt de vous obliger.
Elle en profite, hélas ! & ne fait qu'y ſonger.
Les amans ſont toujours de légere croyance ;

Tome IV.

S'ils pouvoient conserver un rayon de prudence,
(Je demande un grand point, la prudence en amours)
Ils feroient aux rapports insensibles & sourds.
Notre épouse ne fut l'une ni l'autre chose :
Elle se léve un jour ; & lorsque tout repose,
Que de l'aube au teint frais la charmante douceur
Force tout au sommeil, hormis quelque chasseur,
Elle cherche Céphale : un bois l'offre à sa vûe.
Il invoquoit déja cette Aure prétendue.
Viens me voir, disoit-il, chere Déesse, accours :
Je n'en puis plus, je meurs ; fais que par ton secours
La peine que je sens se trouve soulagée.
L'épouse se prétend par ces mots outragée :
Elle croit y trouver, non le sens qu'ils cachoient,
Mais celui seulement que ses soupçons cherchoient.
O triste jalousie ! O passion amere !
Fille d'un fol amour, que l'erreur a pour mere !
Ce qu'on voit par tes yeux cause assez d'embarras,
Sans voir encor par eux ce que l'on ne voit pas.
Procris s'étoit cachée en la même retraite
Qu'un Fan de Biche avoit pour demeure secrette :
Il en sort ; & le bruit trompe aussi-tôt l'époux.
Céphale prend le dard, toujours sûr de ses coups,
Le lance en cet endroit, & perce sa jalouse :
Malheureux assassin d'une si chere épouse.
Un cri lui fait d'abord soupçonner quelque erreur ;
Il accourt, voit sa faute ; & tout plein de fureur,
Du même javelot il veut s'ôter la vie.
L'Aurore & les destins arrêtent cette envie.
Cet office lui fut plus cruel qu'indulgent.
L'infortuné mari sans cesse s'affligeant,
Eût accru par ses pleurs le nombre des fontaines,
Si la Déesse enfin, pour terminer ses peines,
N'eût obtenu du fort que l'on tranchât ses jours :
Triste fin d'un hymen bien divers en son cours !

Fuyons ce nœud, mes fœurs, je ne puis trop le dire.
Jugez par le meilleur quel peut être le pire.
S'il ne nous eft permis d'aimer que fous fes loix,
N'aimons point. Ce deffein fut pris par toutes trois.
Toutes trois, pour chaffer de fi triftes penfées,
A revoir leur travail fe montrent empreffées.
Climene en un tiffu riche, pénible & grand,
Avoit prefque achevé le fameux différend
D'entre le Dieu des eaux & Pallas la fçavante.
On voyoit en lointain une ville naiffante.
L'honneur de la nommer entr'eux deux contefté,
Dépendoit du préfent de chaque déité.
Neptune fit le fien d'un fymbole de guerre.
Un coup de fon trident fit fortir de la terre
Un animal fougueux, un courfier plein d'ardeur.
Chacun de ce préfent admiroit la grandeur.
Minerve l'effaça, donnant à la contrée
L'olivier, qui de paix eft la marque affurée :
Elle emporta le prix, & nomma la cité.
Athene offrit fes vœux à cette déité.
Pour les lui préfenter on choifit cent pucelles,
Toutes fçachant broder, auffi fages que belles.
Les premieres portoient force préfens divers ;
Tout le refte entouroit la déeffe aux yeux pers.
Avec un doux fouris elle acceptoit l'hommage.
Climene ayant enfin reployé fon ouvrage,
La jeune Iris commence en ces mots fon récit.

Rarement pour les pleurs mon talent réuffit,
Je fuivrai toutefois la matiere impofée.
Télamon pour Cloris avoit l'ame embrafée :
Cloris pour Télamon brûloit de fon côté.
La naiffance, l'efprit, les graces, la beauté,
Tout fe trouvoit en eux, hormis ce que les hommes
Font marcher avant tout dans le fiécle où nous fommes.

Ce font les biens, c'eft l'or, mérite univerfel.
Ces Amans, quoiqu'épris d'un défir mutuel,
N'ofoient au blond hymen facrifier encore,
Faute de ce métal que tout le monde adore.
Amour s'en pafferoit, l'autre état ne le peut :
Soit raifon, foit abus, le fort ainfi le veut.
Cette loi qui corrompt les douceurs de la vie,
Fut par le jeune amant d'un autre erreur fuivie.
Le démon des combats vint troubler l'univers.
Un pays contefté par des peuples divers,
Engagea Télamon dans un dur exercice.
Il quitta pour un temps l'amoureufe milice.
Cloris y confentit, mais non pas fans douleur.
Il voulut mériter fon eftime & fon cœur.
Pendant que fes exploits terminent la querelle,
Un parent de Cloris meurt ; & laiffe à la belle
D'amples poffeffions & d'immenfes tréfors :
Il habitoit les lieux où Mars régnoit alors.
La belle s'y tranfporte, & par-tout révérée,
Par-tout des deux partis Cloris confidérée,
Voit de fes propres yeux les champs où Télamon
Venoit de confacrer un trophée à fon nom.
Lui, de fa part accourt ; & tout couvert de gloire
Il offre à fes amours les fruits de fa victoire.
Leur rencontre fe fit non loin de l'élément
Qui doit être évité de tout heureux amant.
Dès ce jour l'âge d'or les eût joints fans myftere :
L'âge de fer en tout a coûtume d'en faire.
Cloris ne voulut donc couronner tous ces biens,
Qu'au fein de fa patrie, & de l'aveu des fiens.
Tout chemin, hors la mer, allongeant leur fouffrance,
Ils commettent aux flots cette douce efpérance.
Zéphyre les fuivoit, quand, prefque en arrivant,
Un pirate furvient, prend le deffus du vent,
Les attaque, les bat. En vain, par fa vaillance,

LIVRE DOUZIEME.

Télamon jufqu'au bout porte fa réfiftance :
Après un long combat fon parti fut défait,
Lui pris ; & fes efforts n'eurent pour tout effet
Qu'un efclavage indigne. O Dieux, qui l'eût pû croire !
Le fort, fans refpecter ni fon fang, ni fa gloire,
Ni fon bonheur prochain, ni les vœux de Cloris,
Le fit être forçat auffi-tôt qu'il fut pris.
Le deftin ne fut pas à Cloris fi contraire ;
Un célèbre marchand l'achete du corfaire :
Il l'emméne ; & bien-tôt la belle, malgré foi,
Au milieu de fes fers, range tout fous fa loi.
L'époufe du marchand la voit avec tendreffe :
Ils en font leur compagne, & leur fils fa maîtreffe.
Chacun veut cet hymen : Cloris à leurs défirs
Répondoit feulement par de profonds foupirs.
Damon, c'étoit ce fils, lui tient ce doux langage :
Vous foupirez toujours, toujours votre vifage
Baigné de pleurs, nous marque un déplaifir fecret.
Qu'avez-vous ? Vos beaux yeux verroient-ils à regret
Ce que peuvent leurs traits, & l'excès de ma flamme ?
Rien ne vous force ici, découvrez-nous votre ame ;
Cloris, c'eft moi, qui fuis l'efclave, & non pas vous,
Ces lieux, à votre gré, n'ont-ils rien d'affez doux ?
Parlez, nous fommes prêts à changer de demeure,
Mes parens m'ont promis de partir tout à l'heure.
Regrettez-vous les biens que vous avez perdus ?
Tout le nôtre eft à vous, ne le dédaignez plus.
J'en fçais qui l'agréroient ; j'ai fçû plaire à plus d'une :
Pour vous, vous méritez toute une autre fortune :
Quelle que foit la nôtre, ufez-en ; vous voyez
Ce que nous poffédons & nous-même à vos pieds.
Ainfi parle Damon, & Cloris toute en larmes,
Lui répond en ces mots accompagnés de charmes :
Vos moindres qualités, & cet heureux féjour
Même aux filles des dieux donneroient de l'amour :

Tome IV.   R r

Jugez donc si Cloris, esclave & malheureuse,
Voit l'offre de ces biens d'une ame dédaigneuse.
Je sçais quel est leur prix : mais de les accepter,
Je ne puis ; & voudrois vous pouvoir écouter.
Ce qui me le défend, ce n'est point l'esclavage :
Si toujours la naissance éleva mon courage,
Je me vois, grace aux Dieux, en des mains où je puis
Garder ces sentimens malgré tous mes ennuis.
Je puis même avouer (hélas ! faut-il le dire ?)
Qu'un autre a, sur mon cœur, conservé son empire.
Je chéris un Amant, ou mort ou dans les fers ;
Je prétends le chérir encor dans les Enfers.
Pourriez-vous estimer le cœur d'une inconstante ?
Je ne suis déja plus aimable, ni charmante,
Cloris n'a plus ces traits que l'on trouvoit si doux,
Et, doublement esclave, est indigne de vous.
Touché de ce discours, Damon prend congé d'elle ;
Fuyons, dit-il en soi, j'oublîrai cette Belle :
Tout passe, & même un jour ses larmes passeront :
Voyons ce que l'absence & le temps produiront.
A ces mots il s'embarque, & quittant le rivage,
Il court de mer en mer, aborde en lieu sauvage ;
Trouve des malheureux de leurs fers échappés,
Et sur le bord d'un bois à chasser occupés.
Télamon, de ce nombre, avoit brisé sa chaîne :
Aux regards de Damon il se présente à peine,
Que son air, sa fierté, son esprit, tout enfin
Fait qu'à l'abord Damon admire son destin :
Puis le plaint, puis l'emméne, & puis lui dit sa flamme.
D'une esclave, dit-il, je n'ai pu toucher l'âme :
Elle chérit un mort ! un mort, ce qui n'est plus
L'emporte dans son cœur ! mes vœux sont superflus.
Là-dessus, de Cloris il lui fait la peinture.
Télamon dans son ame admire l'aventure,
Dissimule, & se laisse emmener au séjour

Où Cloris lui conferve un fi parfait amour.
Comme il vouloit cacher avec foin fa fortune,
Nulle peine pour lui n'étoit vile & commune.
On apprend leur retour, & leur débarquement;
Cloris fe préfentant à l'un & l'autre Amant,
Reconnoît Télamon fous un faix qui l'accable;
Ses chagrins le rendoient pourtant méconnoiffable :
Un œil indifférent à le voir eût erré,
Tant la peine & l'amour l'avoient défiguré.
Le fardeau qu'il portoit ne fut qu'un vain obftacle;
Cloris le reconnoît, & tombe à ce fpectacle :
Elle perd tous fes fens & de honte & d'amour.
Télamon, d'autre part, tombe prefque à fon tour.
On demande à Cloris la caufe de fa peine,
Elle la dit ; ce fut fans s'attirer de haine :
Son récit ingénu redoubla la pitié
Dans des cœurs prévenus d'une jufte amitié.
Damon dit que fon zéle avoit changé de face.
On le crut. Cependant, quoi qu'on dife & qu'on faffe,
D'un triomphe fi doux l'honneur & le plaifir
Ne fe perd qu'en laiffant des reftes de defir.
On crut pourtant Damon. Il reftraignit fon zele
A fceller de l'hymen une union fi belle;
Et, par un fentiment à qui rien n'eft égal,
Il pria fes parens de doter fon rival.
Il l'obtint, renonçant dès-lors à l'hyménée.
Le foir étant venu de l'heureufe journée,
Les noces fe faifoient à l'ombre d'un ormeau :
L'enfant d'un voifin vit s'y percher un Corbeau :
Il fait partir de l'arc une fleche maudite,
Perce les deux époux d'une atteinte fubite.
Cloris mourut du coup, non fans que fon amant
Attirât fes regards en ce dernier moment.
Il s'écrie en voyant finir fes deftinées :
Quoi ! la Parque a tranché le cours de fes années ?

Dieux, qui l'avez voulu, ne fuffifoit-il pas
Que la haine du fort avançât mon trépas?
En achevant ces mots il acheva de vivre;
Son amour, non le coup, l'obligea de la fuivre:
Bleffé légerement il paffa chez les morts;
Le Styx vit nos époux accourir fur fes bords;
Même accident finit leurs précieufes trames:
Même tombe eut leurs corps, même féjour leurs ames.
Quelques-uns ont écrit (mais ce fait eft peu fûr)
Que chacun d'eux devint Statue & marbre dur.
Le couple infortuné face à face repofe,
Je ne garantis point cette métamorphofe:
On en doute. On le croit plus que vous ne penfez,
Dit Climene ; & cherchant dans les fiécles paffés
Quelque exemple d'amour & de vertu parfaite,
Tout ceci me fut dit par le fage interpréte.
J'admirai, je plaignis ces amans malheureux;
On les alloit unir : tout concouroit pour eux;
Ils touchoient au moment ; l'attente en étoit fûre;
Hélas ! il n'en eft point de telle en la nature;
Sur le point de joüir tout s'enfuit de nos mains;
Les dieux fe font un jeu de l'efpoir des humains.
Laiffons, reprit Iris, cette trifte penfée.
La fête eft vers fa fin, grace au ciel, avancée;
Et nous avons paffé tout ce temps en récits,
Capables d'affliger les moins fombres efprits!
Effaçons, s'il fe peut, leur image funefte:
Je prétends de ce jour mieux employer le refte;
Et dire un changement, non de corps, mais de cœur:
Le miracle en eft grand ; amour en fut l'auteur:
Il en fait tous les jours de diverfe maniere.
Je changerai de ftyle en changeant de matiere.

Zoon plaifoit aux yeux, mais ce n'eft pas affés,
  Son peu d'efprit, fon humeur fombre,

Rendoient ces talens mal placés :
Il fuyoit les cités, il ne cherchoit que l'ombre,
Vivoit parmi les bois, concitoyen des Ours,
Et passoit sans aimer les plus beaux de ses jours.
Nous avons condamné l'amour, m'allez-vous dire;
J'en blâme en nous l'excès ; mais je n'approuve pas
   Qu'insensible aux plus doux appas,
   Jamais un homme ne soupire.
Hé quoi, ce long repos est-il d'un si grand prix ?
Les morts sont donc heureux : ce n'est pas mon avis.
Je veux des passions ; & si l'état le pire
   Est le néant, je ne sçais point
De néant plus complet qu'un cœur froid à ce point.
Zoon n'aimant donc rien, ne s'aimant pas lui-même,
Vit Iole endormie, & le voila frappé :
   Voilà son cœur développé.
   Amour, par son sçavoir suprême,
Ne l'eut pas fait amant, qu'il en fit un Héros.
Zoon rend grace au Dieu qui troubloit son repos :
Il regarde en tremblant cette jeune merveille.
   A la fin Iole s'éveille :
   Surprise & dans l'étonnement,
   Elle veut fuir, mais son amant
   L'arrête, & lui tient ce langage :
Rare & charmant objet, pourquoi me fuyez-vous ?
Je ne suis plus celui qu'on trouvoit si sauvage :
C'est l'effet de vos traits, aussi puissans que doux :
Ils m'ont l'ame & l'esprit, & la raison donnée.
   Souffrez que, vivant sous vos loix,
J'emploie à vous servir des biens que je vous dois.
Iole, à ce discours encor plus étonnée,
Rougit, & sans répondre, elle court au hameau,
Et raconte à chacun ce miracle nouveau.
Ses compagnes d'abord s'assemblent autour d'elle :
Zoon suit en triomphe, & chacun applaudit.

Je ne vous dirai point, mes sœurs, tout ce qu'il fit;
  Ni ses soins pour plaire à la Belle.
Leur hymen se conclut : un Satrape voisin,
  Le propre jour de cette fête,
  Enleve à Zoon sa conquête.
On ne soupçonnoit point qu'il eût un tel dessein.
Zoon accourt au bruit, recouvre ce cher gage,
Poursuit le ravisseur, & le joint, & l'engage
  En un combat de main à main.
Iole en est le prix, aussi-bien que le juge.
Le Satrape vaincu trouve encor du refuge
  En la bonté de son rival.
Hélas! cette bonté lui devint inutile:
Il mourut du regret de cet hymen fatal.
Aux plus infortunés la tombe sert d'asyle.
Il prit pour héritiere, en finissant ses jours,
Iole, qui mouilla de pleurs son mausolée.
Que sert-il d'être plaint quand l'ame est envolée?
Ce Satrape eût mieux fait d'oublier ses amours.

La jeune Iris à peine achevoit cette histoire;
Et ses sœurs avouoient qu'un chemin à la gloire
C'est l'amour : on fait tout pour se voir estimé:
Est-il quelque chemin plus court pour être aimé?
Quel charme de s'oüir louer par une bouche
Qui même, sans s'ouvrir, nous enchante & nous touche!
Ainsi disoient ces sœurs. Un orage soudain
Jette un secret remords dans leur profane sein.
Bacchus entre, & sa cour, confus & long cortége:
Où sont, dit-il, ces sœurs à la main sacrilége?
Que Pallas les défende, & vienne en leur faveur
Opposer son Égide à ma juste fureur:
Rien ne m'empêchera de punir leur offense:
Voyez; & qu'on se rie après de ma puissance.
Il n'eut pas dit, qu'on vit trois monstres au plancher,

Aîlés, noirs & velus, en un coin s'attacher.
On cherche les trois sœurs : on n'en voit nulle trace :
Leurs métiers sont brisés : on éleve à leur place
Une chapelle au Dieu, pere du vrai nectar.
Pallas a beau se plaindre, elle a beau prendre part
Au destin de ces sœurs par elle protégées.
Quand quelque Dieu voyant ses bontés négligées,
Nous fait sentir son ire, un autre n'y peut rien :
L'Olympe s'entretient en paix par ce moyen.

Profitons, s'il se peut, d'un si fameux exemple.
Chommons : c'est faire assez qu'aller de temple en temple
Rendre à chaque Immortel les vœux qui lui sont dûs :
Les jours donnés aux Dieux ne sont jamais perdus.

FABLE XXIX.
LES FILLES
DE MINÉE.

(Fable CCXLII.*)*

LA MATRONE D'EPHESE. Fable CCXLIII.

FABLE XXX.
La Matrone d'Ephese.

S'il eſt un conte uſé, commun & rebattu,
C'eſt celui qu'en ces vers j'accommode à ma guiſe.
   Et pourquoi donc le choiſis-tu ?
   Qui t'engage à cette entrepriſe ?
N'a-t-elle point déja produit aſſez d'écrits ?
   Quelle grace aura ta Matrone,
   Au prix de celle de Pétrone ?
Comment la rendras-tu nouvelle à nos eſprits ?
Sans répondre aux cenſeurs, car c'eſt choſe infinie,
Voyons ſi dans mes vers je l'aurai rajeunie.

   Dans Epheſe il fut autrefois
Une Dame en ſageſſe & vertus ſans égale ;
   Et, ſelon la commune voix,
Ayant ſçû raffiner ſur l'amour conjugale.
Il n'étoit bruit que d'elle & de ſa chaſteté :
   On l'alloit voir par rareté :
C'étoit l'honneur du ſexe : heureuſe ſa patrie !
Chaque mere à ſa bru l'alléguoit pour patron :
Chaque époux la prônoit à ſa femme chérie :
D'elle deſcendent ceux de la Prudoterie,
   Antique & célebre maiſon.
   Son mari l'aimoit d'amour folle.
   Il mourut. De dire comment,
   Ce ſeroit un détail frivole :
   Il mourut ; & ſon teſtament
N'étoit plein que de legs qui l'auroient conſolée,
Si les biens réparoient la perte d'un mari
   Amoureux autant que chéri.
Mainte veuve pourtant fait la déchevelée,

Tome IV.   T t

Qui n'abandonne pas le foin du demeurant,
Et du bien qu'elle aura, fait le compte en pleurant.
Celle-ci, par fes cris, mettoit tout en alarme ;
  Celle-ci faifoit un vacarme,
Un bruit, & des regrets à percer tous les cœurs,
  Bien qu'on fçache qu'en ces malheurs,
De quelque défefpoir qu'une ame foit atteinte,
La douleur eft toujours moins forte que la plainte ;
Toujours un peu de fafte entre parmi les pleurs.
Chacun fit fon devoir de dire à l'affligée,
Que tout a fa mefure, & que de tels regrets
  Pourroient pécher par leur excès :
Chacun rendit par-là fa douleur rengrégée.
Enfin ne voulant plus joüir de la clarté
  Que fon époux avoit perdue,
Elle entre dans fa tombe, en ferme volonté
D'accompagner cette ombre aux enfers defcendue.
Et voyez ce que peut l'exceffive amitié,
(Ce mouvement auffi va jufqu'à la folie)
Une efclave en ce lieu la fuivit par pitié,
  Prête à mourir de compagnie.
Prête, je m'entends bien, c'eft-à-dire, en un mot,
N'ayant examiné qu'à demi ce complot,
Et, jufques à l'effet, courageufe & hardie.
L'efclave avec la Dame avoit été nourrie.
Toutes deux s'entr'aimoient ; & cette paffion
Etoit crûe avec l'âge au cœur des deux femelles :
Le monde entier à peine eût fourni deux modeles
  D'une telle inclination.
Comme l'efclave avoit plus de fens que la Dame,
Elle laiffa paffer les premiers mouvemens :
Puis tâcha, mais en vain, de remettre cette ame
Dans l'ordinaire train des communs fentimens.
Aux confolations la Veuve inacceffible,
S'appliquoit feulement à tout moyen poffible

De fuivre le défunt aux noirs & triftes lieux.
Le fer auroit été le plus court & le mieux :
Mais la dame vouloit paître encore fes yeux
   Du tréfor qu'enfermoit la biére,
   Froide dépouille, & pourtant chere.
   C'étoit là le feul aliment
   Qu'elle prit en ce monument.
   La faim donc fut celle des portes
   Qu'entre d'autres de tant de fortes,
Notre Veuve choifit pour fortir d'ici-bas.
Un jour fe paffe, & deux fans autre nourriture
Que fes profonds foupirs, que fes fréquens hélas,
   Qu'un inutile & long murmure
   Contre les dieux, le fort & la nature.
   Enfin fa douleur n'omit rien,
   Si la douleur doit s'exprimer fi bien.

Encore un autre mort faifoit fa réfidence
Non loin de ce tombeau, mais bien différemment,
   Car il n'avoit pour monument
   Que le deffous d'une potence.
Pour exemple aux voleurs on l'avoit là laiffé.
   Un foldat bien récompenfé
   Le gardoit avec vigilance.
   Il étoit dit par ordonnance
Que fi d'autres voleurs, un parent, un ami
L'enlevoient, le foldat nonchalant, endormi,
   Rempliroit auffi-tôt fa place.
   C'étoit trop de févérité :
   Mais la publique utilité
Défendoit que l'on fît au garde aucune grace.
Pendant la nuit il vit aux fentes du tombeau
Briller quelque clarté, fpectacle affez nouveau.
Curieux, il y court, entend de loin Dame
   Rempliffant l'air de fes clameurs.

Il entre, eſt étonné, demande à cette femme,
  Pourquoi ces cris, pourquoi ces pleurs,
  Pourquoi cette triſte muſique,
Pourquoi cette maiſon noire & mélancolique?
Occupée à ſes pleurs, à peine elle entendit
   Toutes ces demandes frivoles:
  Le mort pour elle y répondit.
  Cet objet, ſans autres paroles,
  Diſoit aſſez par quel malheur
La Dame s'enterroit ainſi toute vivante.
Nous avons fait ſerment, ajoûta la ſuivante,
De nous laiſſer mourir de faim & de douleur.
Encor que le ſoldat fût mauvais orateur,
Il leur fit concevoir ce que c'eſt que la vie.
La Dame cette fois eut de l'attention;
  Et déja l'autre paſſion
  Se trouvoit un peu rallentie.
Le temps avoit agi. Si la foi du ſerment,
Pourſuivit le ſoldat, vous défend l'aliment,
  Voyez-moi manger ſeulement,
Vous n'en mourrez pas moins. Un tel tempérament
  Ne déplut pas aux deux femelles:
  Concluſion qu'il obtint d'elles
Une permiſſion d'apporter ſon ſoupé,
Ce qu'il fit; & l'eſclave eut le cœur fort tenté
De renoncer dès-lors à la cruelle envie
  De tenir au mort compagnie.
Madame, ce dit-elle, un penſer m'eſt venu:
Qu'importe à votre époux que vous ceſſiez de vivre?
Croyez-vous que lui-même il fût homme à vous ſuivre,
Si par votre trépas vous l'aviez prévenu?
Non, Madame, il voudroit achever ſa carriére.
La nôtre ſera longue encor, ſi nous voulons.
Se faut-il, à vingt ans, enfermer dans la biére?
Nous aurons tout loiſir d'habiter ces maiſons.

On ne meurt que trop tôt : qui nous preffe ? Attendons :
Quant à moi je voudrois ne mourir que ridée.
Voulez-vous emporter vos appas chez les morts ?
Que vous fervira-t-il d'en être regardée ?
   Tantôt, en voyant les tréfors
Dont le ciel prit plaifir d'orner votre vifage,
  Je difois : hélas ! c'eft dommage,
Nous-mêmes nous allons enterrer tout cela.
A ce difcours flatteur la Dame s'éveilla.
Le dieu qui fait aimer prit fon temps, il tira
Deux traits de fon carquois : de l'un il entama
Le foldat jufqu'au vif ; l'autre effleura la Dame :
Jeune & belle, elle avoit fous fes pleurs de l'éclat ;
  Et des gens de goût délicat
Auroient bien pû l'aimer, & même étant leur femme.
Le garde en fut épris : les pleurs & la pitié,
  Sorte d'amour ayant fes charmes,
Tout y fit : une belle alors qu'elle eft en larmes,
  En eft plus belle de moitié.
Voila donc notre veuve écoutant la louange,
Poifon, qui de l'amour eft le premier degré :
  La voila qui trouve à fon gré
Celui qui le lui donne : il fait tant qu'elle mange :
Il fait tant que de plaire : & fe rend en effet
Plus digne d'être aimé que le mort le mieux fait :
  Il fait tant enfin qu'elle change ;
Et toujours par degrés, comme l'on peut penfer,
De l'un à l'autre il fait cette femme paffer.
  Je ne le trouve pas étrange :
Elle écoute un amant, elle en fait un mari,
Le tout au nez du mort qu'elle avoit tant chéri.
Pendant cet hyménée, un voleur fe hazarde
D'enlever le dépôt commis aux foins du garde :
Il en entend le bruit ; il y court à grands pas,
  Mais en vain : la chofe étoit faite.

Il revient au tombeau conter son embarras,
    Ne sçachant où trouver retraite.
L'esclave alors lui dit, le voyant éperdu:
    L'on vous a pris votre pendu?
Les loix ne vous feront, dites-vous, nulle grace?
Si Madame y consent, j'y remedîrai bien.
    Mettons notre mort en la place,
    Les passans n'y connoîtront rien.
La Dame y consentit. O volages fémelles!
La femme est toujours femme: il en est qui sont belles:
    Il en est qui ne le sont pas.
    S'il en étoit d'assez fideles,
    Elles auroient assez d'appas.

Prudes, vous vous devez défier de vos forces:
Ne vous vantez de rien. Si votre intention
    Est de résister aux amorces,
La nôtre est bonne aussi: mais l'exécution
Nous trompe également: témoin cette Matrone:
    Et, n'en déplaise au bon Pétrone,
Ce n'étoit pas un fait tellement merveilleux,
Qu'il en dût proposer l'exemple à nos neveux.
Cette Veuve n'eut tort qu'au bruit qu'on lui vit faire,
Qu'au dessein de mourir mal conçû, mal formé:
    Car de mettre au patibulaire,
    Le corps d'un mari tant aimé,
Ce n'étoit pas peut-être une si grande affaire.
Cela lui sauvoit l'autre; & tout considéré,
Mieux vaut Goujat debout, qu'Empereur enterré.

(*Fable* cc*xliii*.)

FABLE XXXI.

BELPHEGOR.

FABLE XXXI.

Belphegor.

Nouvelle tirée de Machiavel.

Un jour Satan, monarque des enfers,
Faifoit paffer fes fujets en revue.
Là, confondus tous les états divers,
Princes & Rois, & la tourbe menue,
Jettoient maint pleur, pouffoient maint & maint cri,
Tant que Satan en étoit étourdi.
Il demandoit, en paffant, à chaque ame :
Qui t'a jettée en l'éternelle flamme ?
L'une difoit : hélas ! c'eft mon mari ;
L'autre auffi-tôt répondoit : c'eft ma femme.
Tant & tant fut ce difcours répété,
Qu'enfin Satan dit en plein confiftoire :
Si ces gens-ci difent la vérité,
Il eft aifé d'augmenter notre gloire.
Nous n'avons donc qu'à le vérifier.
Pour cet effet, il nous faut envoyer
Quelque démon plein d'art & de prudence ;
Qui, non content d'obferver avec foin
Tous les hymens dont il fera témoin,
Y joigne auffi fa propre expérience.
Le prince ayant propofé fa fentence,
Le noir fénat fuivit tout d'une voix.
De Belphegor auffi-tôt on fit choix.
Ce diable étoit tout yeux & tout oreilles,
Grand éplucheur, clair-voyant à merveilles ;
Capable enfin de pénétrer dans tout,
Et de pouffer l'examen jufqu'au bout.
Pour fubvenir aux frais de l'entreprife,

LA MATRONE D'EPHESE. Fable CCXLIII. 2.e Planche

BELPHEGOR. Fable CCXLIV.

BELFEGOR. Fable CCXLIV. 2.e Planche.

BELPHEGOR. Fable CCXLIV. 3.e Planche.

BELPHEGOR. Fable CCXLIV. 4.ᵉ Planche.

On lui donna mainte & mainte remife,
Toutes à vûe, & qu'en lieux différens
Il pût toucher par des correfpondans.
Quant au furplus, les fortunes humaines,
Les biens, les maux, les plaifirs & les peines,
Bref, ce qui fuit notre condition,
Fut une annexe à fa légation.
Il fe pouvoit tirer d'affliction,
Par fes bons tours & par fon induftrie;
Mais non mourir, ni revoir fa patrie,
Qu'il n'eût ici confumé certain temps:
Sa miffion devoit durer dix ans.
Le voilà donc qui traverfe & qui paffe
Ce que le ciel voulut mettre d'efpace
Entre ce monde & l'éternelle nuit:
Il n'en mit guére, un moment y conduit.
Notre démon s'établit à Florence,
Ville, pour lors, de luxe & de dépenfe;
Même il la crut propre pour le trafic.
Là, fous le nom du feigneur Roderic,
Il fe logea, meubla comme un riche homme,
Groffe maifon, grand train, nombre de gens,
Anticipant tous les jours fur la fomme
Qu'il ne devoit confumer qu'en dix ans.
On s'étonnoit d'une telle bombance.
Il tenoit table, avoit de tous côtés
Gens à fes frais, foit pour fes voluptés,
Soit pour le fafte & la magnificence.
L'un des plaifirs où plus il dépenfa,
Fut la louange. Apollon l'encenfa;
Car il eft maître en l'art de flatterie.
Diable n'eut onc tant d'honneurs en fa vie.
Son cœur devint le but de tous les traits
Qu'amour lançoit : il n'étoit point de belle
Qui n'employât ce qu'elle avoit d'attraits

Pour le gagner, tant fauvage fût-elle :
Car de trouver une feule rebelle,
Ce n'eſt la mode à gens de qui la main
Par les préſens s'applanit tout chemin.
C'eſt un reſſort en tous deſſeins utile.
Je l'ai jà dit, & le redis encor,
Je ne connois d'autre premier mobile
Dans l'univers, que l'argent & que l'or.
Notre envoyé cependant tenoit compte
De chaque hymen, en journaux différens ;
L'un, des époux fatisfaits & contens,
Si peu rempli, que le diable en eut honte.
L'autre journal incontinent fut plein.
A Belphegor il ne reſtoit enfin
Que d'éprouver la choſe par lui-même.
Certaine fille à Florence étoit lors,
Belle & bien faite, & peu d'autres tréſors,
Noble d'ailleurs, mais d'un orgueil extrême ;
Et d'autant plus, que de quelque vertu
Un tel orgueil paroiſſoit revêtu.
Pour Roderic on en fit la demande.
Le pere dit que madame Honeſta,
C'étoit ſon nom, avoit eu juſques-là
Force partis ; mais que parmi la bande
Il pourroit bien Roderic préférer,
Et demandoit temps pour délibérer.
On en convient. Le pourſuivant s'applique
A gagner celle où ſes vœux s'adreſſoient.
Fêtes & bals, férénades, muſique,
Cadeaux, feſtins, bien fort apetiſſoient,
Altéroient fort le fonds de l'ambaſſade.
Il n'y plaint rien, en uſe en grand ſeigneur,
S'épuiſe en dons. L'autre ſe perſuade
Qu'elle lui fait encor beaucoup d'honneur.
Concluſion, qu'après force priéres,

Et des façons de toutes les maniéres,
Il eut un oüi de madame Honefta.
Auparavant le notaire y paffa,
Dont Belphegor fe moquant en fon ame,
Hé quoi, dit-il, on acquiert une femme
Comme un château ! ces gens ont tout gâté.
Il eut raifon : ôtez d'entre les hommes
La fimple foi, le meilleur eft ôté.
Nous nous jettons, pauvres gens que nous fommes,
Dans les procès, en prenant le revers.
Les fi, les car, les contrats font la porte
Par où la noife entra dans l'univers :
N'efpérons pas que jamais elle en forte.
Solemnités & loix n'empêchent pas
Qu'avec l'hymen amour n'ait des débats :
C'eft le cœur feul qui peut rendre tranquille.
Le cœur fait tout, le refte eft inutile.
Qu'ainfi ne foit, voyons d'autres états.
Chez les amis tout s'excufe, tout paffe :
Chez les amans tout plaît, tout eft parfait :
Chez les époux tout ennuie & tout laffe.
Le devoir nuit, chacun eft ainfi fait.
Mais, dira-t-on, n'eft-il en nulles guifes
D'heureux ménage ? Après mûr examen,
J'appelle un bon, voire un parfait hymen,
Quand les conjoints fe fouffrent leurs fottifes.

Sur ce point-là c'eft affez raifonné.
Dès que chez lui le Diable eut amené
Son époufée, il jugea par lui-même
Ce qu'eft l'hymen avec un tel démon :
Toujours débats, toujours quelque fermon
Plein de fottife en un degré fuprême.
Le bruit fut tel, que madame Honefta
Plus d'une fois les voifins éveilla :

Plus d'une fois on courut à la noife.
Il lui falloit quelque fimple bourgeoife,
Ce difoit-elle : un petit trafiquant
Traiter ainfi les filles de mon rang!
Méritoit-il femme fi vertueufe?
Sur mon devoir je fuis trop fcrupuleufe :
J'en ai regret, & fi je faifois bien....
Il n'eft pas fûr qu'Honefta ne fît rien :
Ces prudes-là nous en font bien accroire.
Nos deux époux, à ce que dit l'hiftoire,
Sans difputer n'étoient pas un moment.
Souvent leur guerre avoit pour fondement
Le jeu, la jupe, ou quelque ameublement
D'été, d'hyver, d'entre-temps, bref un monde
D'inventions propres à tout gâter.
Le pauvre Diable eut lieu de regretter
De l'autre enfer la demeure profonde.
Pour comble enfin, Roderic époufa
La parenté de madame Honefta,
Ayant fans ceffe & le pere & la mere,
Et la grand'fœur avec le petit frere,
De fes deniers mariant la grand'fœur,
Et du petit payant le précepteur.
Je n'ai pas dit la principale caufe
De fa ruine, infaillible accident ;
Et j'oubliois qu'il eut un Intendant.
Un Intendant ? Qu'eft-ce que cette chofe ?
Je définis cet être, un animal
Qui, comme on dit, fçait pêcher en eau trouble ;
Et, plus le bien de fon maître va mal,
Plus le fien croît, plus fon profit redouble,
Tant qu'aifément lui-même acheteroit
Ce qui de net au feigneur refteroit :
Dont par raifon bien & dûment déduite
On pourroit voir chaque chofe réduite

En son état, s'il arrivoit qu'un jour
L'autre devînt l'Intendant à son tour ;
Car regagnant ce qu'il eut étant maître,
Ils reprendroient tous deux leur premier être.
Le seul recours du pauvre Roderic,
Son seul espoir étoit certain trafic
Qu'il prétendoit devoir remplir sa bourse,
Espoir douteux, incertaine ressource.
Il étoit dit que tout seroit fatal
A notre époux, ainsi tout alla mal.
Ses agens, tels que la plûpart des nôtres,
En abusoient. Il perdit un vaisseau,
Et vit aller le commerce à vau-l'eau :
Trompé des uns, mal servi par les autres,
Il emprunta. Quand ce vint à payer,
Et qu'à sa porte il vit le créancier,
Force lui fut d'esquiver par la fuite,
Gagnant les champs, où de l'âpre poursuite
Il se sauva chez un certain fermier,
En certain coin remparé de fumier.
A Matheo, c'étoit le nom du *Sire*,
Sans tant tourner, il dit ce qu'il étoit ;
Qu'un double mal chez lui le tourmentoit ;
Ses créanciers, & sa femme encor pire :
Qu'il n'y sçavoit remede que d'entrer
Au corps des gens, & de s'y remparer,
D'y tenir bon : iroit-on là le prendre ?
Dame Honesta viendroit-elle y prôner
Qu'elle a regret de se bien gouverner ?
Chose ennuyeuse, & qu'il est las d'entendre :
Que de ces corps trois fois il sortiroit,
Si-tôt que lui Matheo l'en priroit ;
Trois fois sans plus, & ce, pour récompense
De l'avoir mis à couvert des Sergens.
Tout aussi-tôt l'Ambassadeur commence

Avec grand bruit d'entrer au corps des gens.
Ce que le fien, ouvrage fantaftique,
Devint alors, l'hiftoire n'en dit rien.
Son coup d'effai fut une fille unique
Où le galant fe trouvoit affez bien :
Mais Matheo, moyennant groffe fomme,
L'en fit fortir au premier mot qu'il dit.
C'étoit à Naple, il fe tranfporte à Rome;
Saifit un corps : Matheo l'en bannit,
Le chaffe encore : autre fomme nouvelle.
Trois fois enfin, toujours d'un corps femelle,
Remarquez bien, notre Diable fortit.
Le Roi de Naple avoit lors une fille,
Honneur du fexe, efpoir de fa famille :
Maint jeune Prince étoit fon pourfuivant;
Là, d'Honefta Belphegor fe fauvant,
On ne le put tirer de cet afyle.
Il n'étoit bruit, aux champs comme à la ville,
Que d'un manant qui chaffoit les efprits.
Cent mille écus d'abord lui font promis.
Bien affligé de manquer cette fomme,
(Car les trois fois l'empêchoient d'efpérer
Que Belphegor fe laiffât conjurer)
Il la refufe : il fe dit un pauvre homme,
Pauvre pêcheur, qui, fans fçavoir comment,
Sans dons du ciel, par hafard feulement,
De quelques corps a chaffé quelque diable,
Apparemment chétif & miférable,
Et ne connoît celui-ci nullement.
Il a beau dire : on le force, on l'amene,
On le menace, on lui dit que fous peine
D'être pendu, d'être mis haut & court
En un gibet, il faut que fa puiffance
Se manifefte avant la fin du jour.
Dès l'heure même on vous met en préfence

Notre Démon & son conjurateur.
D'un tel combat le Prince est spectateur.
Chacun y court, n'est fils de bonne mere,
Qui, pour le voir, ne quitte toute affaire.
D'un côté sont le gibet & la hart,
Cent mille écus bien comptés d'autre part.
Matheo tremble, & lorgne la finance.
L'esprit malin voyant sa contenance,
Rioit sous cape, alléguoit les trois fois,
Dont Matheo suoit dans son harnois,
Pressoit, prioit, conjuroit avec larmes:
Le tout en vain. Plus il est en alarmes,
Plus l'autre rit. Enfin le manant dit,
Que sur ce Diable il n'avoit nul crédit.
On vous le hape & mene à la potence.
Comme il alloit haranguer l'assistance,
Nécessité lui suggéra ce tour.
Il dit tout bas qu'on battît le tambour,
Ce qui fut fait : de quoi l'Esprit immonde
Un peu surpris, au manant demanda:
Pourquoi ce bruit ? Coquin, qu'entens-je là ?
L'autre répond : c'est Madame Honesta
Qui vous réclame, & va par tout le monde
Cherchant l'époux que le ciel lui donna.
Incontinent le Diable décampa,
S'enfuit au fond des enfers, & conta
Tout le succès qu'avoit eu son voyage.
Sire, dit-il, le nœud du mariage
Damne aussi dru qu'aucuns autres états.
Votre Grandeur voit tomber ici-bas,
Non par floccons, mais menu comme pluie,
Ceux que l'hymen fait de sa confrérie;
J'ai par moi-même examiné le cas.
Non que de soi la chose ne soit bonne:
Elle eut jadis un plus heureux destin:

Mais comme tout se corrompt à la fin,
Plus beau fleuron n'est en votre couronne.
Satan le crut : il fut récompensé,
Encor qu'il eût son retour avancé.
Car qu'eût-il fait ? Ce n'étoit pas merveilles
Qu'ayant sans cesse un diable à ses oreilles,
Toujours le même, & toujours sur un ton,
Il fût contraint d'enfiler la venelle :
Dans les enfers encore en change-t-on ;
L'autre peine est, à mon sens, plus cruelle.
Je voudrois voir quelques gens y durer.
Elle eût à Job fait tourner la cervelle.

De tout ceci que prétens-je inférer ?
Premiérement je ne sçais pire chose,
Que de changer son logis en prison.
En second lieu, si par quelque raison
Votre ascendant à l'hymen vous expose,
N'épousez point d'Honesta, s'il se peut :
N'a pas pourtant une Honesta qui veut.

(*Fable CCXLIV.*)

LIVRE DOUZIEME.

FABLE XXXII.
LE JUGE ARBITRE,
L'HOSPITALIER
ET
LE SOLITAIRE.

FABLE XXXII.

LE JUGE ARBITRE, L'HOSPITALIER, ET LE SOLITAIRE.

Trois Saints, également jaloux de leur salut,
Portés d'un même esprit, tendoient au même but.
Ils s'y prirent tous trois par des routes diverses.
Tous chemins vont à Rome : ainsi nos concurrens
Crurent pouvoir choisir des sentiers différens.
L'un, touché des soucis, des longueurs, des traverses
Qu'en apanage on voit aux procès attachés,
S'offrit de les juger sans récompense aucune,
Peu soigneux d'établir ici-bas sa fortune.
Depuis qu'il est des loix, l'homme, pour ses péchés,
Se condamne à plaider la moitié de sa vie.
La moitié ? Les trois quarts, & bien souvent le tout.
Le Conciliateur crut qu'il viendroit à bout
De guérir cette folle & détestable envie.
Le second de nos Saints choisit les hôpitaux.
Je le loue; & le soin de soulager les maux
Est une charité que je préfere aux autres.
Les malades d'alors étant tels que les nôtres,
Donnoient de l'exercice au pauvre Hospitalier;
Chagrins, impatiens, & se plaignant sans cesse :
Il a pour tels & tels un soin particulier,
  Ce sont ses amis : ils nous laisse.
Ces plaintes n'étoient rien au prix de l'embarras
Où se trouva réduit l'Appointeur de débats.
Aucun n'étoit content; la sentence arbitrale
  A nul des deux ne convenoit :
  Jamais le Juge ne tenoit
  A leur gré la balance égale.
De semblables discours rebutoient l'Appointeur.
Il court aux hôpitaux, va voir leur directeur.

LE JUGE ARBITRE, L'HOSPITALIER, ET LE SOLITAIRE. Fable CCXLV.

LIVRE DOUZIEME. 183

Tous deux ne recueillant que plainte & que murmure,
Affligés, & contraints de quitter ces emplois,
Vont confier leur peine au filence des bois.
Là, fous d'âpres rochers, près d'une fource pure,
Lieu refpecté des vents, ignoré du foleil,
Ils trouvent l'autre Saint, lui demandent confeil.
Il faut, dit leur ami, le prendre de foi-même.
   Qui mieux que vous fçait vos befoins?
Apprendre à fe connoître eft le premier des foins
Qu'impofe à tous mortels la majefté fuprême.
Vous êtes-vous connus dans le monde habité?
L'on ne le peut qu'aux lieux pleins de tranquillité:
Chercher ailleurs ce bien, eft une erreur extrême.
   Troublez l'eau : vous y voyez-vous?
Agitez celle-ci. Comment nous verrions-nous?
   La vafe eft un épais nuage
Qu'aux effets du cryftal nous venons d'oppofer.
Mes Freres, dit le Saint, laiffez-la repofer;
   Vous verrez alors votre image.
Pour vous mieux contempler, demeurez au défert.
   Ainfi parla le Solitaire.
Il fut cru, l'on fuivit ce confeil falutaire.
Ce n'eft pas qu'un emploi ne doive être fouffert.
Puifqu'on plaide, & qu'on meurt, & qu'on devient malade,
Il faut des Médecins, il faut des Avocats.
Ces fecours, grace à dieu, ne nous manqueront pas,
Les honneurs & le gain, tout me le perfuade.
Cependant on s'oublie en ces communs befoins.
O vous! dont le Public emporte tous les foins,
   Magiftrats, Princes, & Miniftres,
Vous, que doivent troubler mille accidens finiftres,
Que le malheur abat, que le bonheur corrompt,
Vous ne vous voyez point, vous ne voyez perfonne.
Si quelque bon moment à ces penfers vous donne,
   Quelque flatteur vous interrompt.

Cette leçon fera la fin de ces ouvrages :
Puiffe-t-elle être utile aux fiécles à venir !
Je la préfente aux Rois, je la propofe aux Sages :
Par où fçaurois-je mieux finir ?

Fin du douzieme Livre & du quatrieme & dernier Volume.

(*Fable CCXLIV.*)

EXPLICATION
DU FRONTISPICE,
Et *de quelques Vignettes & Culs-de-lampe contenus dans cet Ouvrage.*

Quelques connoisseurs, séduits par la composition & par l'exécution des gravures en bois qu'on voit dans cette édition, ont désiré une explication des Culs-de-Lampe & Vignettes qu'elle contient. C'est pour les satisfaire qu'on la donne, d'après M. Bachelier, de l'académie de peinture & sculpture, qui les a composés. Cet examen intéressant pour les curieux, qui desirent ne rien laisser échapper dans les arts, peut être agréable en même tems à tous ceux qui, détournés par les estampes dont cette édition abonde, n'auroient jetté sur cette partie qu'un coup-d'œil indifférent. On doit les prévenir que la difficulté de la gravure en bois n'a pas permis au compositeur de choisir ses matériaux, & qu'il a été obligé, pour la facilité de l'exécution, de renfermer ses allégories dans le genre des fleurs où l'on sçait qu'il excelle. On sent que cette gêne demande quelque indulgence en faveur de ses explications, & que ce n'est pas ici le cas d'exiger une rigoureuse précision de rapports.

Outre l'explication du Frontispice, qu'on a cru devoir y joindre, il eût été sans doute avantageux pour cette édition d'entrer dans le détail & la composition de plusieurs planches, où le peintre (M. Oudry) s'évertuant & donnant essor à son imagination, a tellement saisi l'intention de la Fontaine, qu'il semble quelquefois avoir ajouté à l'esprit des fables. Mais ces observations eussent engagé trop loin, & c'est laisser un plaisir au Public, que de lui en abandonner la recherche.

Frontispice. Cette planche, placée dans le premier volume vis-à-vis le titre, représente une forêt dans laquelle est le rendez-vous des animaux. Là, Ésope, transporté dans l'avenir, leur fait admirer la Fontaine dont le buste est placé sur un haut piédestal. Il leur apprend que ce Poëte françois, maître dans l'art de l'apologue, doit un jour rajeunir leur langage pour donner aux hommes de nouvelles leçons. Les animaux s'empressent donc à reconnoître leur nouvel interprète & à lui rendre hommage. Les Singes, comme les plus adroits parmi les animaux, s'emploient à célébrer ce moment de triomphe. L'un, orne le buste de guirlandes de fleurs; l'autre, couronne notre Poëte de lauriers, tandis qu'un troisieme est occupé à soutenir & relever le voile de la postérité représenté par une riche draperie qu'un Aigle enleve avec son bec & ses serres, pour mieux découvrir le Fabuliste françois. Les autres animaux attentifs à ce spectacle sont, le Chien, le Renard, le Lion, le Taureau, la Brebis, &c, désignans indirectement, avec les précédens acteurs de cette scene, les principaux caracteres de la morale & du style de notre Poëte. Toute cette planche est d'une composition allégorique & poétique qui annonce l'ouvrage, & le génie de celui qui en a composé les Desseins. C'est ce qu'ont remarqué les Journalistes de Trévoux dans l'explication qu'ils en ont donnée dans le second volume de Janvier 1759, page 239 & suivantes.

La grande Vignette du titre. Elle représente différens objets symboliques, qui se rapportent tous aux fables & au génie de la Fontaine. Le flambeau de la vérité, caractérisé par la vive clarté qu'il répand & par la gaze légere qui voltige au-devant, s'applique aux leçons voilées qui sont contenues dans les Fables. Ce flambeau déguisé en caducée, par les deux serpens & les deux aîles qui l'accompagnent, offre encore l'image de l'invention, de la prudence des leçons de notre Poëte, & de la vîtesse dont elles se glissent dans l'ame. Une corne d'abondance qui répand des fruits ; une ruche-à-miel couverte de fleurs, d'où s'échappe un essain d'abeilles ; annoncent ensemble l'utilité, l'agrément & la fécondité. Le masque de l'apologue placé sur le devant & parmi ce grouppe de différens objets, désigne le genre de l'ouvrage. Le tout est suspendu sur des nuages, pour annoncer un présent céleste qui nous vient des Dieux.

La Vignette au-devant de l'Epître au Roi. C'est une représentation pittoresque des armes de ce Prince. L'écusson en est formé par un serpent qui se mord la queue, emblême adopté de l'immortalité. Il est entouré d'une guirlande, d'où sortent trois fleurs-de-lis naturelles qui viennent se placer d'elles-mêmes dans cet écusson. L'amour des peuples & la victoire y sont désignés par une branche de chêne & par une branche de laurier, attachées au bout des deux palmes en sautoir qui forment deux L, lettre initiale du nom de *Louis*. Le fond de cet écusson azur, est le ciel, d'où s'échappent les rayons du soleil, symbole de la devise du Roi.

Page 10, *tome premier.* La composition de ce Cul-de-lampe est dans le genre pastoral. On y voit une corbeille remplie de diverses fleurs : une houlette, ornée d'un ruban noué galamment vers le haut, y est attachée, & caractérise un tribut ou l'offrande d'un Berger.

Page 14, *tome premier.* Ce Cul-de-lampe est une riche corne d'abondance, d'où sortent des gerbes chargées d'épis, & des branches de vigne chargées de raisins. Ces fruits précieux reçoivent l'hommage des différentes fleurs qui s'y entremêlent & qu'ils embellissent.

Page 34, *tome premier.* Un serpent, symbole de la prudence, caché sous des fleurs, forme ce Cul-de-lampe & l'image de la maniere insinuante avec laquelle les leçons de morale doivent être présentées.

Page 44, *tome premier.* Un lis élevé, prêt à donner de nouvelles fleurs, fort de deux palmes, & se trouve accompagné de deux branches, l'une d'olivier & l'autre de laurier. Ceci forme une espece de faisceau ceint d'une banderole, chargé de fruits, de fleurs, & d'une guirlande de même qui en réunit toutes les parties. Le Peintre ayant en vue la Famille royale, a voulu exprimer par cette allusion pittoresque & agréable, l'affermissement du sceptre entre les mains des Bourbons, la gloire & le bonheur du regne de Louis XV.

Page 26, *tome second.* Une branche de chêne avec une branche de rosier, chargées de fleurs & de fruits, se trouvent unies & entrelacées dans un caducée qui forme ce Cul-de-lampe. Cette composition allégorique fait allusion aux deux genres d'éloquence, l'un rempli de force & d'utilité, l'autre parsemé de fleurs & d'agrémens. C'est l'*Utile Dulci* d'Horace.

Page 48, *tome second.* Les attributs poëtiques du tems se trouvent ici réunis & suspendus par des fleurs. Le fuseau de la Parque, la faux, les ciseaux d'Attropos, un sablier ailé, en caractérisent les différentes images.

Page 54, *tome second.* Par ce Cul-de-lampe, tout composé de diverses pieces, unies cependant de telle maniere qu'aucune ne peut en être séparée, sans détruire l'ensemble ; M. Bachelier a voulu caractériser les événemens & les divers accidens de la vie humaine, dont les nœuds différens forment une chaîne indivisible. Une branche de chêne & des palmes soutiennent & surmontent les différentes fleurs employées dans cette composition.

Page 64, *tome second.* Le peintre a représenté ici une lyre à sept cordes, entrelacée de branches de lauriers & de chêne, qui forment & qui soutiennent une double guirlande de fleurs. L'on apperçoit qu'en ornant ainsi l'instrument favori d'Apollon, il a voulu désigner la mélodie, l'invention & le triomphe de la poësie.

L'on ne fait point mention des autres ornemens de même genre répandus dans cet ouvrage, où la composition & le dessein, toujours assujettis aux places & à la grandeur des espaces de chaque page, ont cependant vaincu la difficulté d'une maniere très-aisée & très-variée.

Toutes les Estampes de cette édition, au tirage desquelles on a porté la plus grande attention, sont imprimées sous les yeux de l'Editeur par P. THEVENARD, *Imprimeur du Roi en taille-douce ; & par* J. B. DUTERTRE *son successeur, qui s'est acquitté de la plus considérable partie de cette impression.*

APPROBATION.

J'ai examiné, par ordre de Monseigneur le Chancelier, cette nouvelle édition des *Fables de la Fontaine*, avec des figures gravées d'après les desseins de J. B. Oudry, & je crois que l'exécution répond parfaitement à tout ce que l'on devoit attendre du goût de l'Editeur & des talens des Artistes dont il a emprunté les crayons & le burin, & que cet ouvrage fera également honneur aux lettres, aux arts & à la nation. A Paris, le 5 Août 1759. GIBERT.

PRIVILEGE DU ROI.

LOUIS, par la grace de Dieu, Roi de France & de Navarre, à nos amés & féaux Conseillers, les gens tenans notre cour de Parlement, Maîtres des Requêtes ordinaires de notre hôtel, Grand-Conseil, Prévôt de Paris, Baillifs, Sénéchaux, leurs Lieutenans Civils, & autres Justiciers qu'il appartiendra, SALUT. Notre cher & bien amé le sieur Jean-Louis REGNARD DE MONTENAULT, ayant entrepris de faire exécuter, en quatre volumes *in-folio*, une édition des *Fables de la Fontaine*, ornée de culs-de-lampe, fleurons & autres ornemens de l'invention du sieur Bachelier, Peintre de notre Académie de Peinture & Sculpture ; enrichie d'estampes gravées par les plus habiles maîtres, sur les desseins originaux de feu J. B. Oudry, Peintre & Professeur de la même Académie : *Etant informé des soins que le sieur de Montenault a pris, des recherches & des dépenses considérables qu'il a faites pour la perfection de cette édition*, à laquelle il a joint une nouvelle vie de la Fontaine, *nous avons résolu de lui donner des témoignages de notre satisfaction*, en lui accordant nos lettres de privilege sur ce nécessaires. A ces causes, nous avons permis & accordé, permettons & accordons par ces présentes audit sieur de Montenault, de faire imprimer, vendre & débiter dans tous les lieux de notre royaume, les estampes, gravures en cuivre & en bois de ladite édition des *Fables de la Fontaine*, conjointement ou séparément, & de les faire réduire en telle forme & grandeur qu'il lui plaira. Permettons audit sieur de faire imprimer ladite collection, en tout ou en partie, en un ou plusieurs volumes, en telle forme, marge, grandeur, & autant de fois que bon lui semblera, & de les faire vendre & débiter par tout notre royaume, pendant le tems de trente années entieres & consécutives, à compter de la date des présentes : pendant lequel tems nous faisons très-expresses inhibitions & défenses à tous Libraires, Imprimeurs, Graveurs en taille-douce & en bois, Dessinateurs, & autres personnes, de quelque qualité & condition qu'elles soient, d'imprimer, faire imprimer la susdite vie de la Fontaine, graver, faire graver, vendre, faire vendre, débiter, ni contrefaire en aucune maniere, les desseins, planches & différentes gravures de ladite édition, sous quelque cause, prétexte ou raison que ce soit ; & à tous Marchands étrangers, Libraires, Graveurs, ou autres, d'en apporter, ni distribuer par tout ce royaume d'autres impressions, gravures & épreuves contrefaites sur celles qu'aura fait faire ledit sieur de Montenault, ou ceux qui auront droit de lui, en vertu des présentes, & par écrit : à peine de confiscation des exemplaires, épreuves, planches en cuivre & en bois contrefaites, & *de tous livres généralement* où lesdites estampes, desseins, fleurons & culs-de-lampe, pourroient avoir été employés ; de trois mille livres d'amende contre chacun des contrevenans, dont un tiers à nous, un tiers à l'hôtel-Dieu de Paris, & l'autre tiers audit sieur Exposant, ou à celui qui auroit droit de lui, & de tous dépens, dommages & intérêts pour raison des présentes. A la charge que les présentes seront enregistrées tout au long sur le registre de la communauté des Imprimeurs-Libraires de Paris, dans trois mois de la date d'icelles ; que l'impression dudit ouvrage sera faite dans notre royaume, & non ailleurs ; que l'Impétrant se conformera en tout aux reglemens de la librairie, & notamment à celui du 10 avril 1725 ; qu'avant de l'exposer en vente, le manuscrit qui aura servi de copie pour l'impression de la vie de la Fontaine, sera remis dans le même état où l'approbation aura été donnée, ès mains de notre très-cher & féal Chevalier Chancelier de France, le sieur de Lamoignon ; & que dudit ouvrage il en sera remis deux exemplaires dans notre bibliotheque publique, un dans celle de notre château du Louvre, & un dans celle de notre très cher & féal Chevalier Chancelier de France, le sieur de Lamoignon. Le tout à peine de nullité des présentes : du contenu desquelles vous mandons & enjoignons de faire jouir ledit sieur de Montenault, ou ses ayans cause, pleinement & paisiblement, cessant & faisant cesser tous troubles & empêchemens. Voulons que la copie desdites présentes, qui sera imprimée tout au long au commencement ou à la fin de ladite édition, ou desdites collections, soit tenue pour dûment signifiée, & qu'aux copies collationnées par l'un de nos amés & féaux Conseillers Secrétaires, foi soit ajoutée comme à l'original. Commandons au premier notre Huissier ou Sergent, de faire pour l'exécution d'icelles tous actes requis & nécessaires, sans demander autre permission, & nonobstant clameur de haro, chartes normandes & lettres à ce contraires : car tel est notre plaisir. Donné à Versailles le cinquieme jour de juin, l'an de grace mil sept cens cinquante-neuf, & de notre regne le quarante-quatrieme. Par le Roi en son Conseil. LE BEGUE.

Registré sur le registre XIV° de la chambre royale & syndicale des Libraires & Imprimeurs de Paris, n°. 338, fol. 472, conformément au Reglement de 1723, qui fait défenses, art. 41, à toutes personnes de quelques qualités & conditions qu'elles soient, autres que les Libraires & Imprimeurs, de vendre, débiter, faire afficher aucuns livres pour les vendre en leurs noms, soit qu'ils s'en disent les Auteurs, ou autrement, & à la charge de fournir à la susdite chambre neuf exemplaires prescrits par l'article 108 du même Reglement. A Paris, ce 4 juillet 1759. G. SAUGRAIN, Syndic.

www.ingramcontent.com/pod-product-compliance
Lightning Source LLC
Chambersburg PA
CBHW070619170426
43200CB00010B/1852